쉽고 재미있게
생각하는 연산!

연산력 수학

노크

C6
(초1~초2)

덧셈과 뺄셈, 세 수의 계산

똑!똑! 연산력 수학

하루에 4쪽 20일 완성

노크의 구성

연산 학습 ▶ 하루에 4쪽씩 한 가지 주제를 학습합니다.

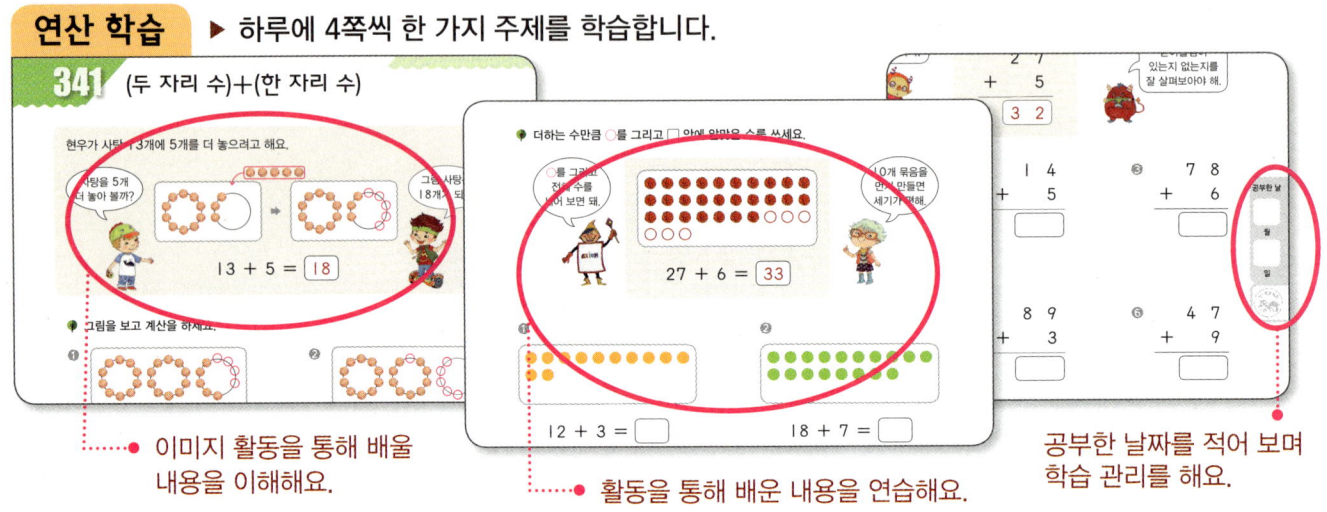

이미지 활동을 통해 배울 내용을 이해해요.

활동을 통해 배운 내용을 연습해요.

공부한 날짜를 적어 보며 학습 관리를 해요.

평가 ▶ 배웠던 주제를 평가해 봅니다.

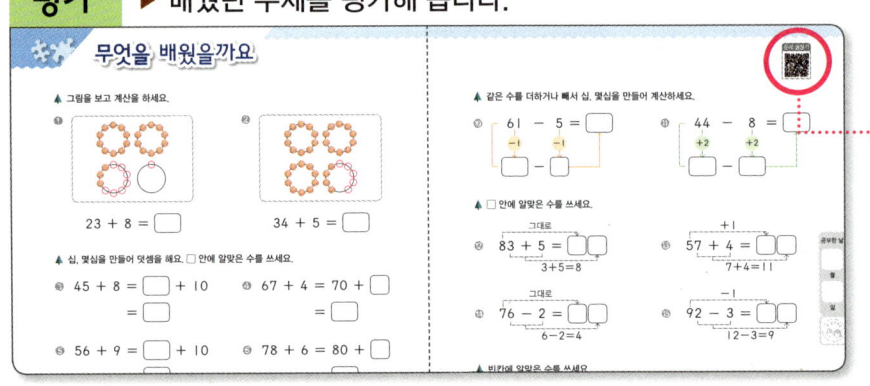

"문제 생성기" QR코드를 이용하면 여러 문제를 더 풀어 볼 수 있어요.

연산 보충 학습 ▶ 연산 학습의 부족한 부분을 연습합니다.

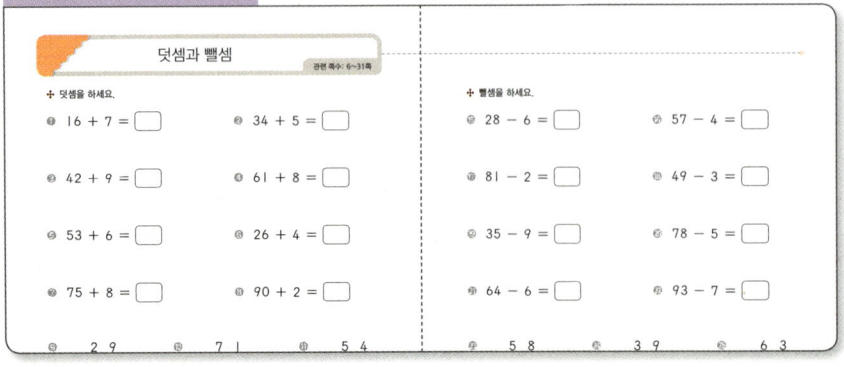

각 주제별로 학습했던 연산 학습 중 연습이 더 필요한 부분을 본책 맨 뒤에서 제공합니다.
해당 연산 학습을 끝낸 후에 사용하세요.

연산력 수학 노크만의 스마트 학습

문제 생성기

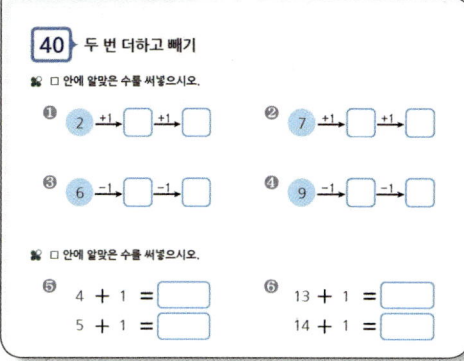

40 두 번 더하고 빼기

□ 안에 알맞은 수를 써넣으시오.

❶ 2 ＋1 → □ ＋1 → □

❷ 7 ＋1 → □ ＋1 → □

❸ 6 －1 → □ －1 → □

❹ 9 －1 → □ －1 → □

□ 안에 알맞은 수를 써넣으시오.

❺ 4 ＋ 1 ＝ □
　 5 ＋ 1 ＝ □

❻ 13 ＋ 1 ＝ □
　 14 ＋ 1 ＝ □

"무엇을 배웠을까요"를 풀고 난 후 QR코드를 찍어 보세요.
새로운 문제들이 계속 생성됩니다.
출력하여 사용하세요.

연산력 게임

"연산력 게임" 코너에 있는 QR코드를 찍어 보세요.
연산 학습과 연계된 재미있는 연산력 게임을 할 수 있습니다.

애니메이션

연산력 수학 노크에 나오는 친구들을 소개해요!!

모험가 친구들

태돌
추진력 리더

현우
끈기 대장

큐리
호기심 해결사

티나
치밀한 전략가

마법사 멀린과 수학 요정

마법사 멀린

꼬마 요괴

딴소리

한입

장난

딴짓

멍하니

잠만자

울보

거꾸로

연산력 수학 노크 C6 · 차례

노크랜드로
출발해 볼까?

덧셈과 뺄셈

▶ 연산 보충 학습(102～103쪽)에서 더 풀어 보세요.

학부모 지도 가이드

이번 차시에서는 두 자리 수와 한 자리 수의 덧셈과 뺄셈을 계산하는 여러 가지 방법에 대해 공부합니다. 십, 몇십을 만들어 계산하는 과정을 통해 덧셈과 뺄셈에 쉽게 접근할 수 있도록 지도하고, 도구 없이 머리로만 계산하는 머릿셈을 이해하도록 연습시켜 주세요.

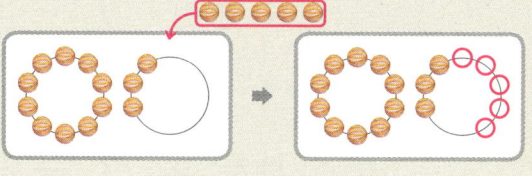

13 + 5 = 18

25 − 4 = 21

(두 자리 수)+(한 자리 수)

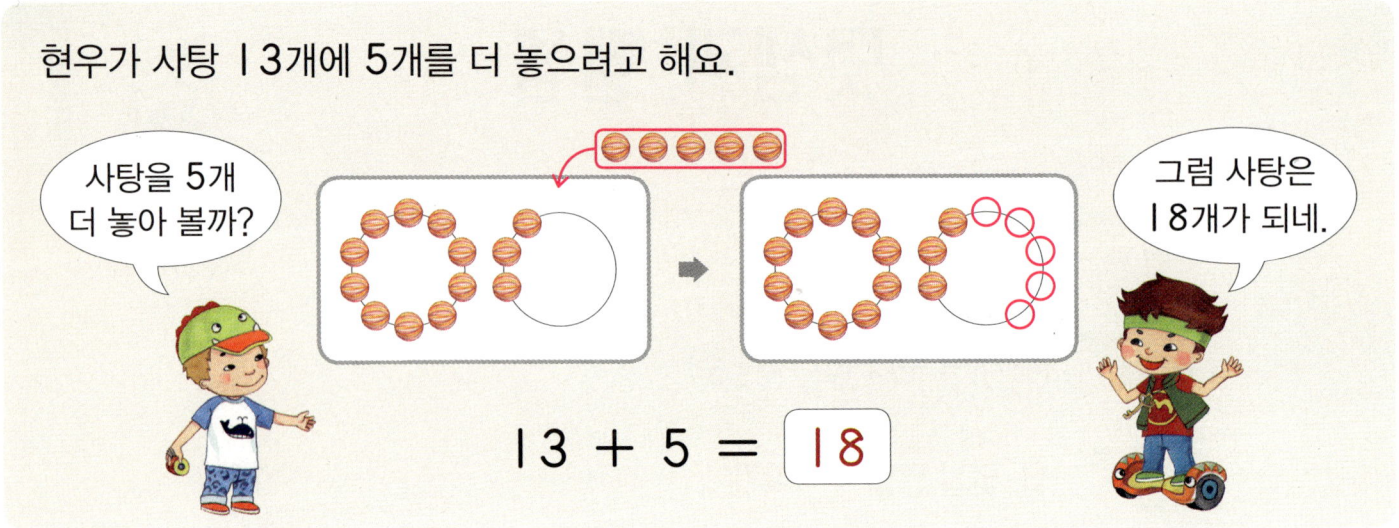

현우가 사탕 13개에 5개를 더 놓으려고 해요.

사탕을 5개 더 놓아 볼까?

그럼 사탕은 18개가 되네.

$$13 + 5 = 18$$

🌳 그림을 보고 계산을 하세요.

❶
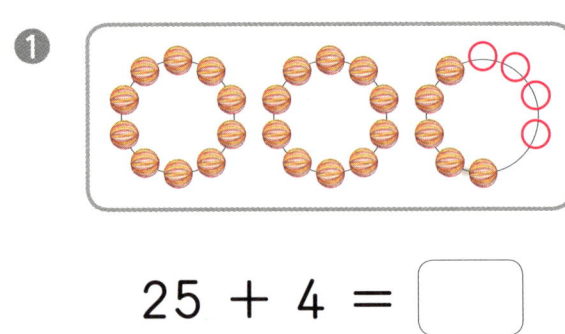

$$25 + 4 = \boxed{}$$

❷

$$19 + 6 = \boxed{}$$

❸

$$37 + 3 = \boxed{}$$

❹
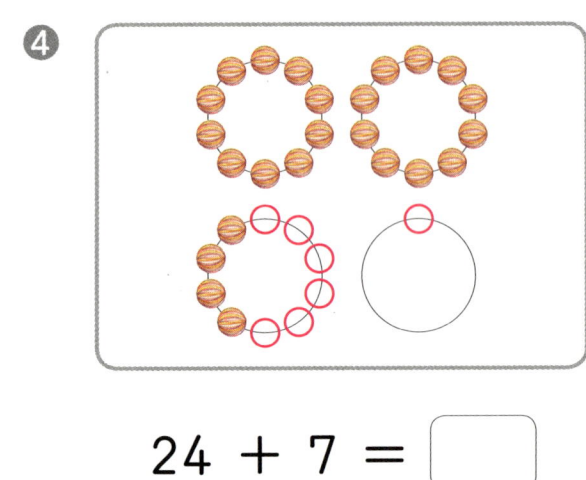

$$24 + 7 = \boxed{}$$

더하는 수만큼 ◯를 그리고 ☐ 안에 알맞은 수를 쓰세요.

◯를 그리고 전체 수를 세어 보면 돼.

10개 묶음을 먼저 만들면 세기가 편해.

$$27 + 6 = \boxed{33}$$

❶

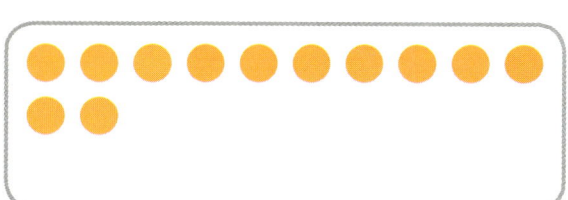

$$12 + 3 = \boxed{}$$

❷

$$18 + 7 = \boxed{}$$

❸

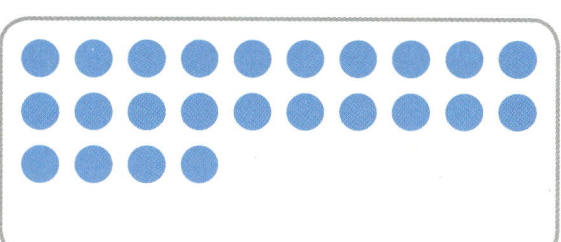

$$24 + 9 = \boxed{}$$

❹

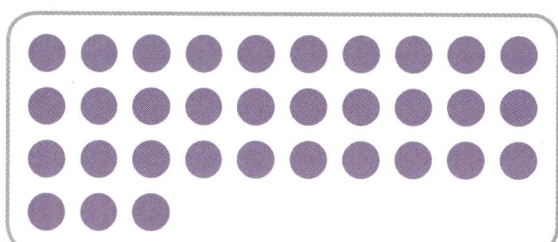

$$33 + 4 = \boxed{}$$

티나와 현우가 숫자 구슬을 사용하여 덧셈식을 만들어요.

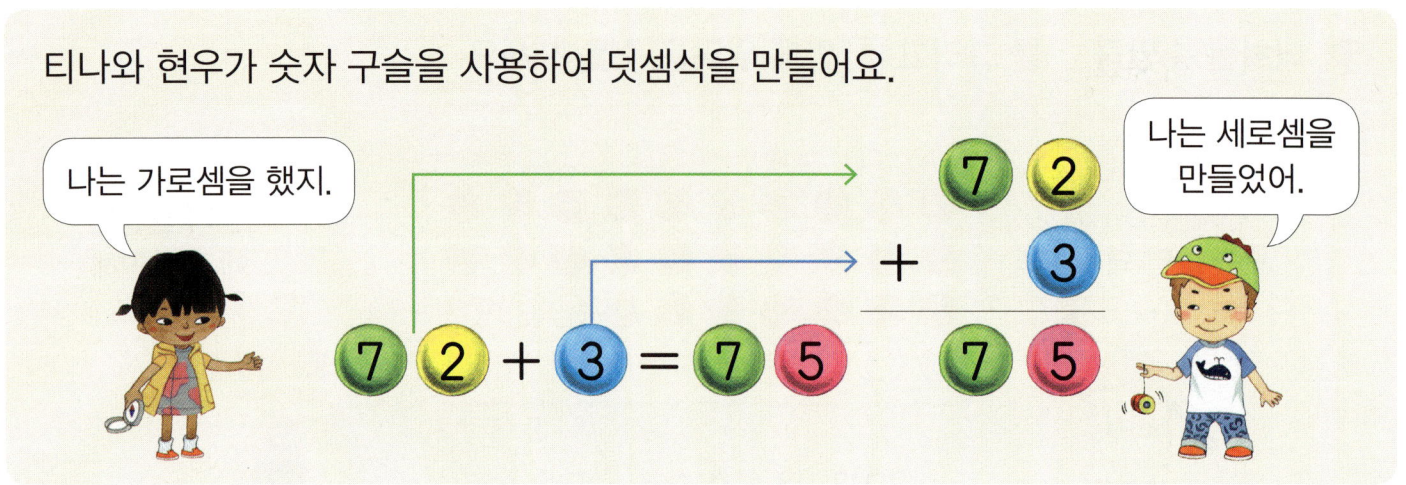

🌳 가로셈을 세로셈으로 나타내어 계산하세요.

❶
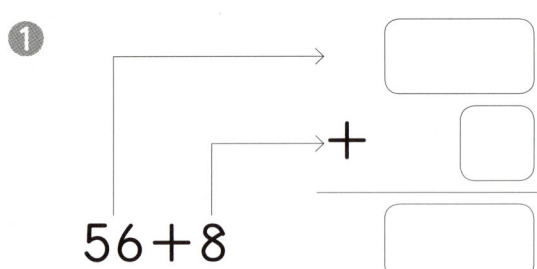

56+8

❷
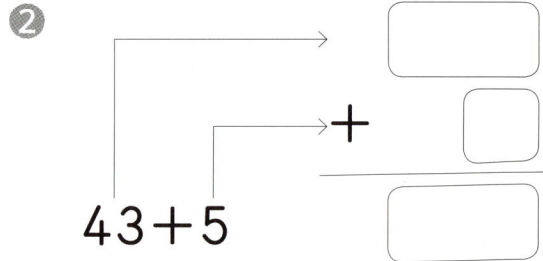

43+5

❸
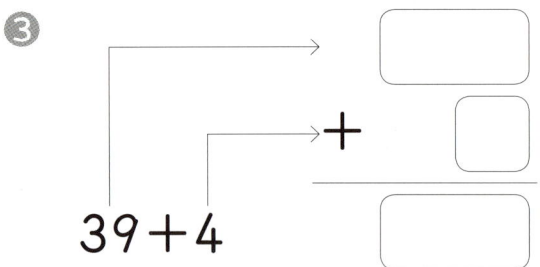

39+4

❹
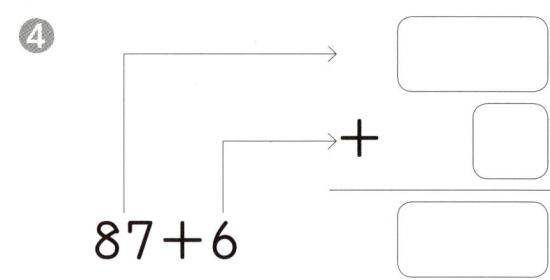

87+6

❺

96+1

❻

65+7

덧셈을 하세요.

이제 안 어렵지?
빨리 풀고 자자.

$$\begin{array}{r} {\scriptstyle 1} \\ 2\ 7 \\ +\quad 5 \\ \hline 3\ 2 \end{array}$$

받아올림이
있는지 없는지를
잘 살펴보아야 해.

❶
$$\begin{array}{r} 5\ 3 \\ +\quad 4 \\ \hline \end{array}$$

❷
$$\begin{array}{r} 1\ 4 \\ +\quad 5 \\ \hline \end{array}$$

❸
$$\begin{array}{r} 7\ 8 \\ +\quad 6 \\ \hline \end{array}$$

❹
$$\begin{array}{r} 3\ 5 \\ +\quad 2 \\ \hline \end{array}$$

❺
$$\begin{array}{r} 8\ 9 \\ +\quad 3 \\ \hline \end{array}$$

❻
$$\begin{array}{r} 4\ 7 \\ +\quad 9 \\ \hline \end{array}$$

❼
$$\begin{array}{r} 6\ 6 \\ +\quad 7 \\ \hline \end{array}$$

❽
$$\begin{array}{r} 2\ 1 \\ +\quad 5 \\ \hline \end{array}$$

❾
$$\begin{array}{r} 5\ 5 \\ +\quad 8 \\ \hline \end{array}$$

공부한 날

월

일

십, 몇십 만들어 더하기

현우가 수 모형을 이용하여 덧셈을 해요.

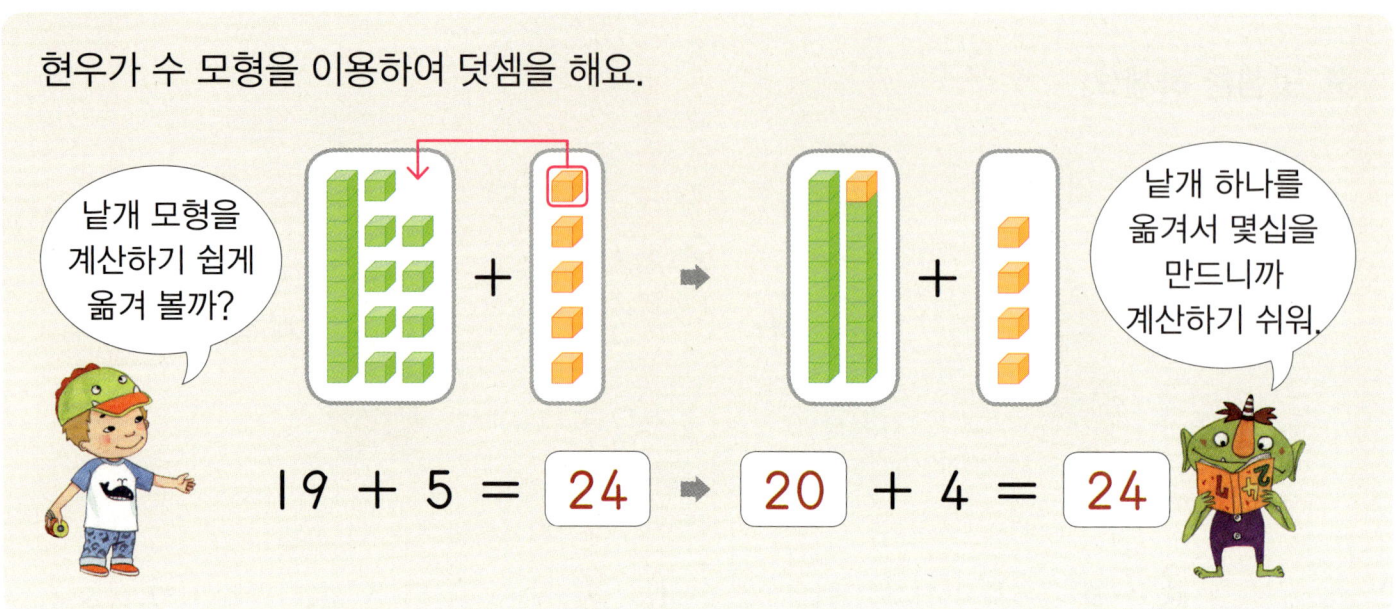

낱개 모형을 계산하기 쉽게 옮겨 볼까?

낱개 하나를 옮겨서 몇십을 만드니까 계산하기 쉬워.

$$19 + 5 = \boxed{24} \Rightarrow \boxed{20} + 4 = \boxed{24}$$

🌲 그림을 보고 ☐ 안에 알맞은 수를 쓰세요.

❶

$$17 + 5 = \boxed{} \Rightarrow \boxed{} + 2 = \boxed{}$$

❷

이번에는 몇십이 아니라 십을 만들어야겠네.

$$24 + 8 = \boxed{} \Rightarrow 22 + \boxed{} = \boxed{}$$

🌳 **같은 수를 더하고 빼서 십, 몇십을 만들어 계산하세요.**

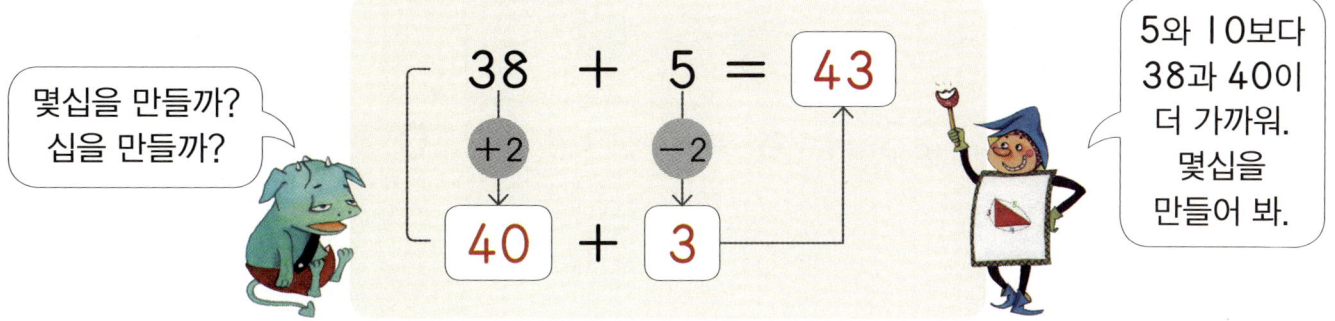

몇십을 만들까?
십을 만들까?

5와 10보다
38과 40이
더 가까워.
몇십을
만들어 봐.

$$38 + 5 = 43$$

40 + 3

❶
$$29 + 6 = \boxed{}$$
+1   −1
☐ + ☐

❷
$$52 + 9 = \boxed{}$$
−1   +1
☐ + ☐

❸
$$48 + 3 = \boxed{}$$
+2   −2
☐ + ☐

❹
$$73 + 8 = \boxed{}$$
−2   +2
☐ + ☐

❺
$$89 + 5 = \boxed{}$$
+1   −1
☐ + ☐

❻
$$36 + 9 = \boxed{}$$
−1   +1
☐ + ☐

큐리와 태돌이가 같은 수를 더하고 빼면서 덧셈을 해요.

8에 2를 더해
10을 만들었어.

−2   +2

$23 + 8 = \boxed{21} + 10$

$= \boxed{31}$

그럼 23에서
2를 빼야겠군.

🌳 십, 몇십을 만들어 덧셈을 해요. ☐ 안에 알맞은 수를 쓰세요.

❶ $36 + 8 = \boxed{} + 10$

$= \boxed{}$

❷ $89 + 7 = 90 + \boxed{}$

$= \boxed{}$

❸ $65 + 9 = \boxed{} + 10$

$= \boxed{}$

❹ $79 + 5 = 80 + \boxed{}$

$= \boxed{}$

❺ $25 + 6 = \boxed{} + 10$

$= \boxed{}$

❻ $58 + 3 = 60 + \boxed{}$

$= \boxed{}$

관계있는 것끼리 선으로 이으세요.

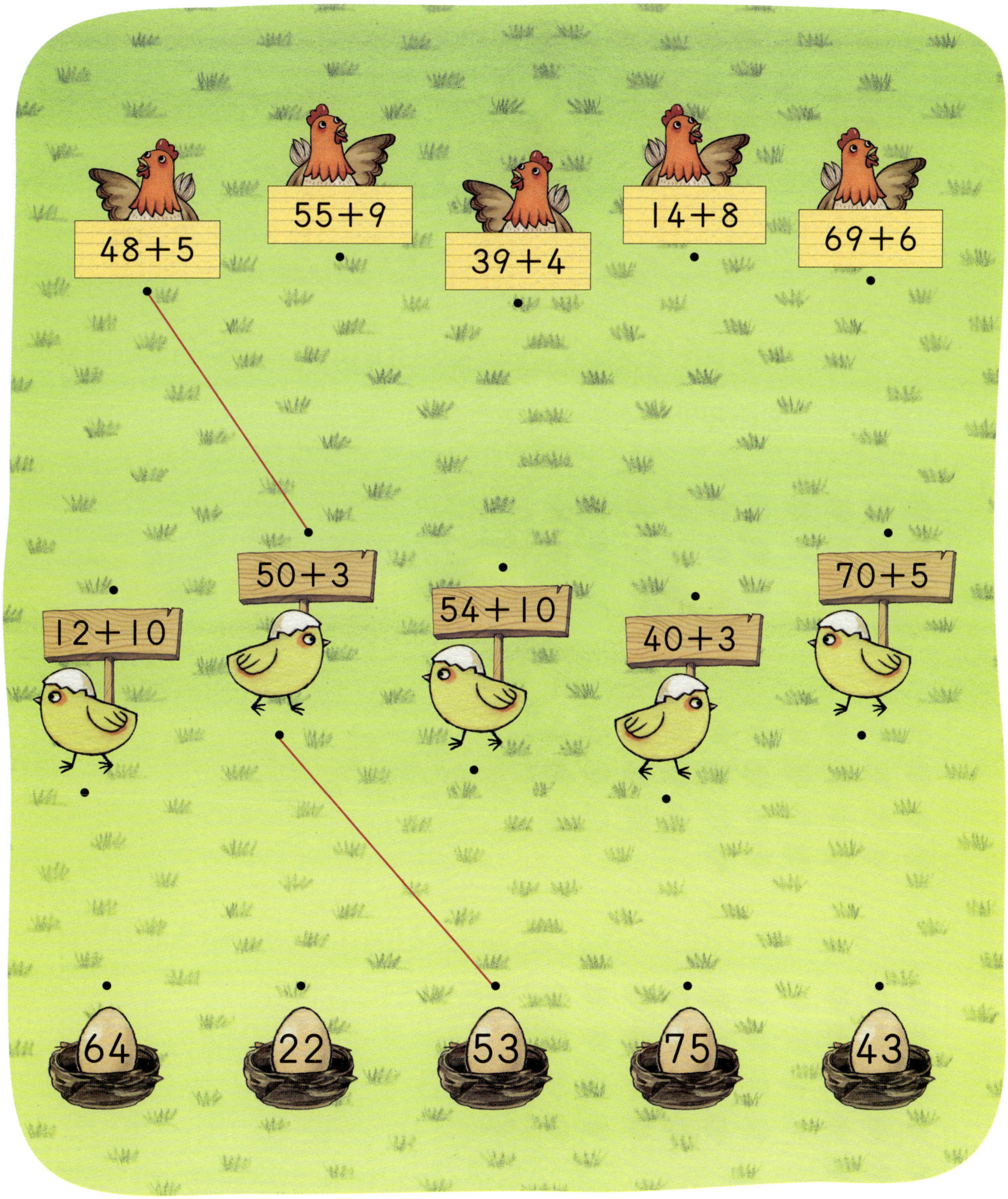

48+5

55+9

39+4

14+8

69+6

12+10

50+3

54+10

40+3

70+5

64

22

53

75

43

(두 자리 수)−(한 자리 수)

다람쥐가 소풍 가방에 도토리를 넣고 있어요.

$$25 - 4 = \boxed{21}$$

도토리 4개만 가져갈게.

맛도 없는 도토리를 왜 좋아하니? 근데 몇 개 남은 거야?

🌳 그림을 보고 ☐ 안에 알맞은 수를 쓰세요.

①

$$27 - 5 = \boxed{}$$

②

$$36 - 9 = \boxed{}$$

③

$$43 - 7 = \boxed{}$$

빼는 수만큼 **/**로 동전을 지우고 ☐ 안에 알맞은 수를 쓰세요.

5원이나 없어졌어. 사탕 사 먹을 돈을 언제 다 모으지?

$46 - 5 = \boxed{41}$

①
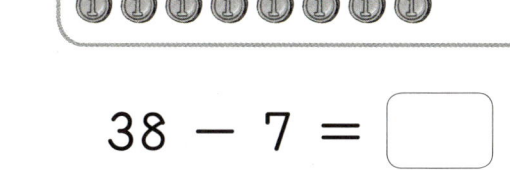

$38 - 7 = \boxed{}$

②

$21 - 8 = \boxed{}$

③

$68 - 6 = \boxed{}$

④
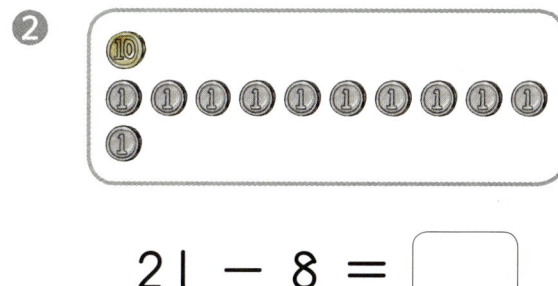

$79 - 3 = \boxed{}$

⑤
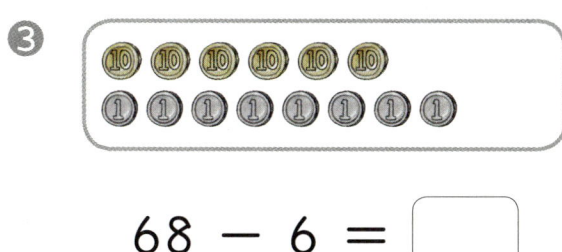

$42 - 5 = \boxed{}$

⑥
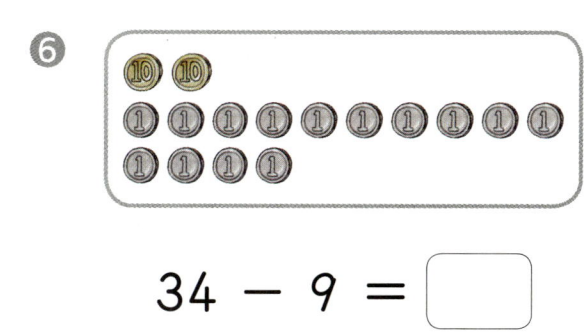

$34 - 9 = \boxed{}$

티나와 큐리가 각자 세로셈으로 계산을 해요.

 받아내림이 없는 계산이네. 간단하다.

$$\begin{array}{r} 3\ 8 \\ -\quad 5 \\ \hline \boxed{3\ 3} \end{array}$$

$$\begin{array}{r} {}^{3}\ {}^{10} \\ \not4\ 1 \\ -\quad 6 \\ \hline \boxed{3\ 5} \end{array}$$

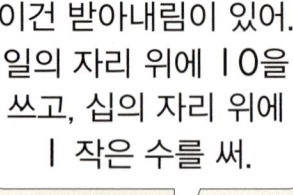 이건 받아내림이 있어. 일의 자리 위에 10을 쓰고, 십의 자리 위에 1 작은 수를 써.

🌳 ☐ 안에 알맞은 수를 쓰세요.

①
$$\begin{array}{r} 5\ 9 \\ -\quad 8 \\ \hline \boxed{\ }\ \boxed{\ } \end{array}$$

② ☐ ☐
$$\begin{array}{r} \not3\ 6 \\ -\quad 7 \\ \hline \boxed{\ }\ \boxed{\ } \end{array}$$

③ ☐ ☐
$$\begin{array}{r} \not6\ 1 \\ -\quad 4 \\ \hline \boxed{\ }\ \boxed{\ } \end{array}$$

④
$$\begin{array}{r} 4\ 5 \\ -\quad 2 \\ \hline \boxed{\ }\ \boxed{\ } \end{array}$$

⑤ ☐ ☐
$$\begin{array}{r} \not7\ 4 \\ -\quad 6 \\ \hline \boxed{\ }\ \boxed{\ } \end{array}$$

⑥ ☐ ☐
$$\begin{array}{r} \not9\ 2 \\ -\quad 5 \\ \hline \boxed{\ }\ \boxed{\ } \end{array}$$

🌳 올바른 계산 결과에 ◯표 하세요.

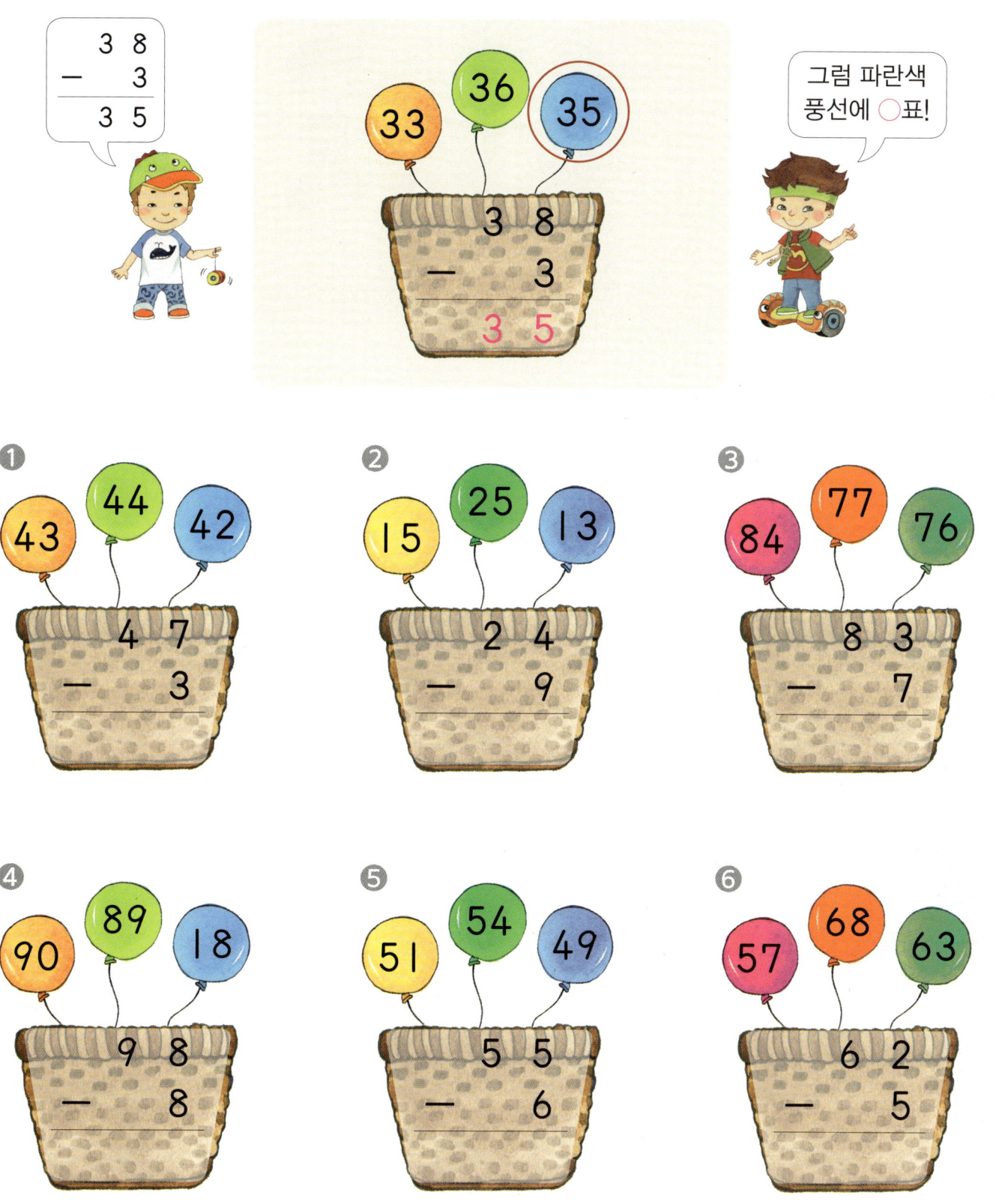

① 43 44 42

47
− 3

② 15 25 13

24
− 9

③ 84 77 76

83
− 7

④ 90 89 18

98
− 8

⑤ 51 54 49

55
− 6

⑥ 57 68 63

62
− 5

십, 몇십 만들어 빼기

태돌이가 수 모형을 이용하여 계산을 해요.

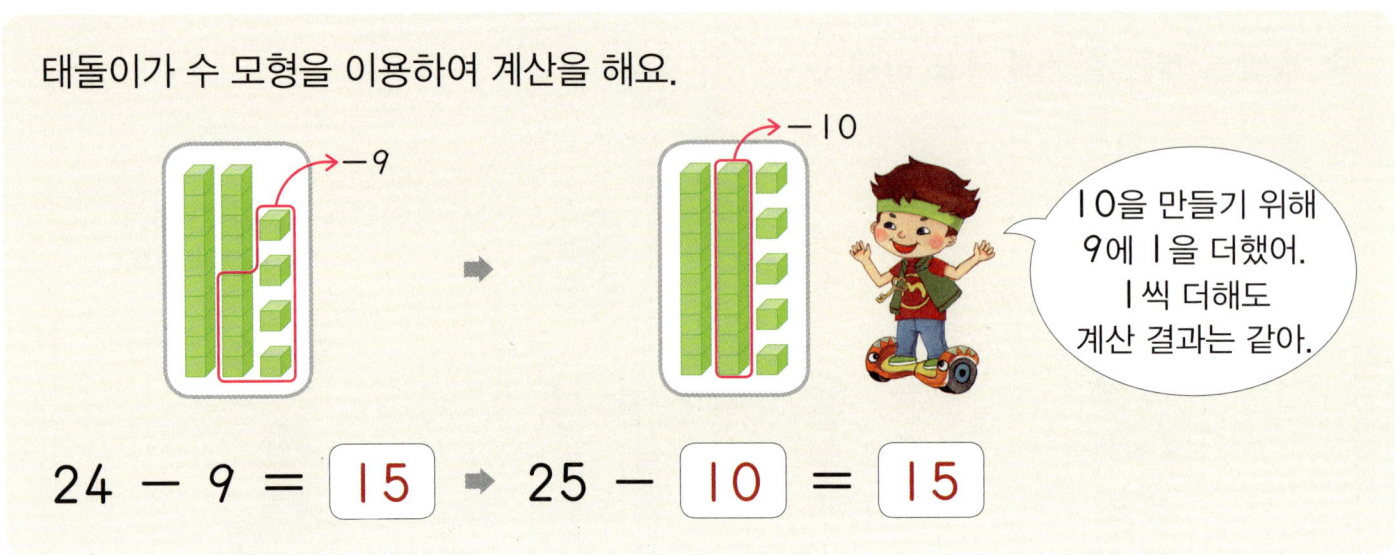

10을 만들기 위해 9에 1을 더했어. 1씩 더해도 계산 결과는 같아.

$$24 - 9 = \boxed{15} \Rightarrow 25 - \boxed{10} = \boxed{15}$$

🌲 그림을 보고 ☐ 안에 알맞은 수를 쓰세요.

❶

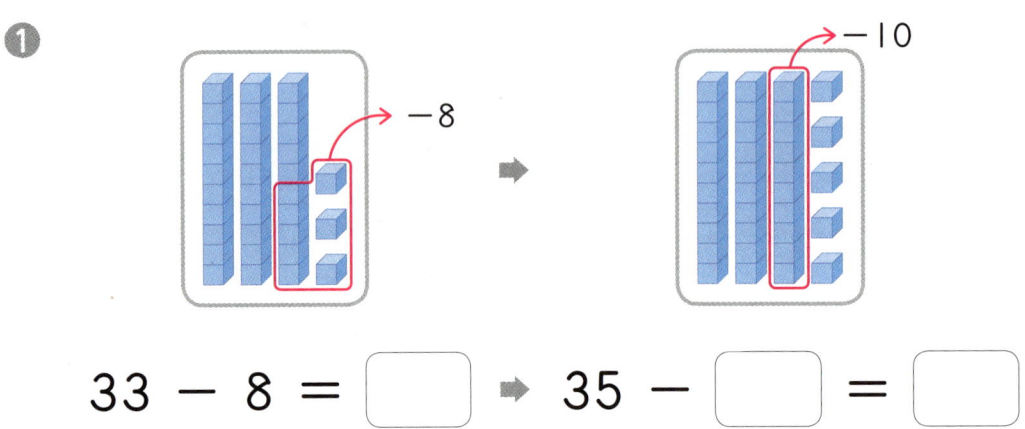

$$33 - 8 = \boxed{} \Rightarrow 35 - \boxed{} = \boxed{}$$

❷

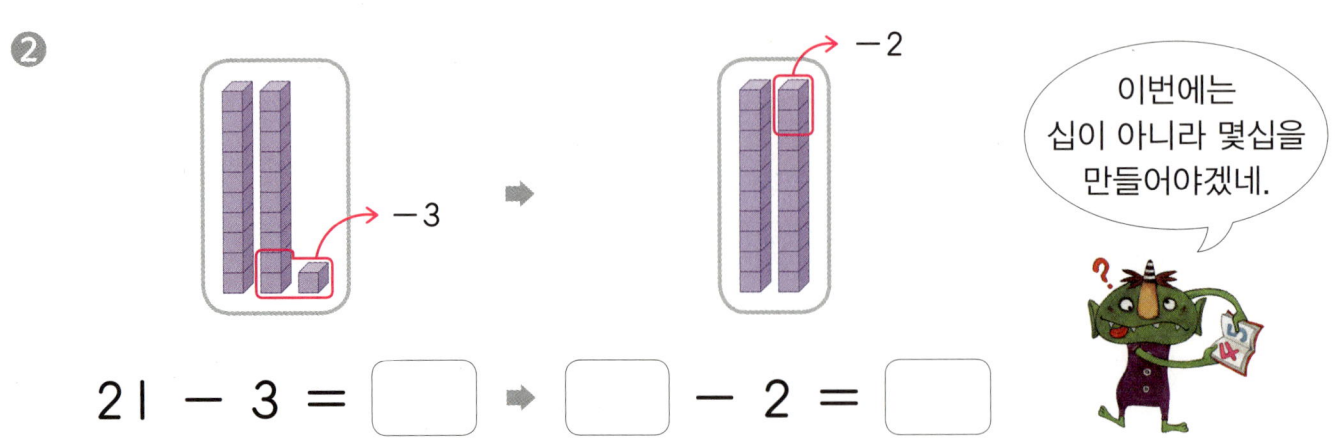

이번에는 십이 아니라 몇십을 만들어야겠네.

$$21 - 3 = \boxed{} \Rightarrow \boxed{} - 2 = \boxed{}$$

🌳 같은 수를 더하거나 빼서 십, 몇십을 만들어 계산하세요.

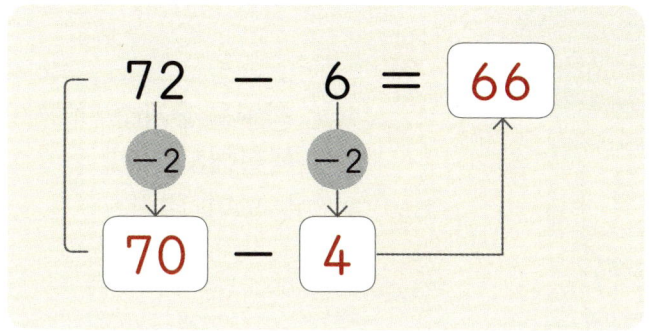

빼어지는 수와 빼는 수에 똑같이 2를 빼.

① 41 − 7 = □
  −1 −1
  □ − □

② 56 − 9 = □
  +1 +1
  □ − □

③ 72 − 5 = □
  −2 −2
  □ − □

④ 65 − 8 = □
  +2 +2
  □ − □

⑤ 91 − 3 = □
  −1 −1
  □ − □

⑥ 83 − 9 = □
  +1 +1
  □ − □

장난 요괴가 울보 요괴의 집 창문에 색칠을 해요.

🌳 지붕에 써 있는 식의 계산 결과와 차가 같은 두 수를 찾아 색칠하세요.

❶

❷
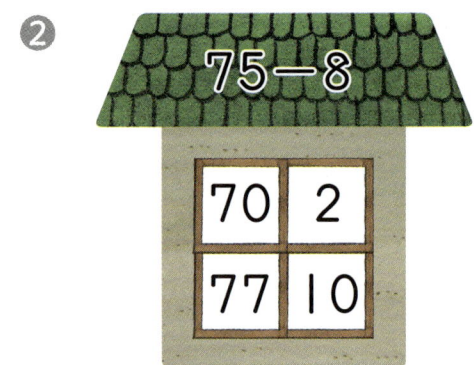

❸

❹

🌲 십, 몇십을 만들어 뺄셈을 해요. ☐ 안에 알맞은 수를 쓰세요.

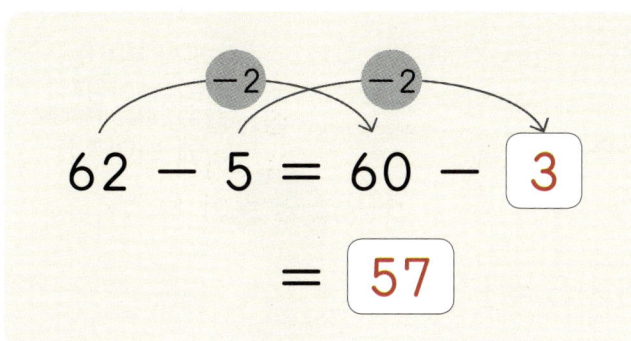

$$62 - 5 = 60 - \boxed{3}$$
$$= \boxed{57}$$

62와 5에서
똑같이 2를 빼서
계산하면 돼.

❶ $45 - 7 = \boxed{} - 10$
   $= \boxed{}$

❷ $72 - 6 = 70 - \boxed{}$
   $= \boxed{}$

❸ $33 - 9 = \boxed{} - 10$
   $= \boxed{}$

❹ $91 - 4 = 90 - \boxed{}$
   $= \boxed{}$

❺ $87 - 8 = \boxed{} - 10$
   $= \boxed{}$

❻ $62 - 7 = 60 - \boxed{}$
   $= \boxed{}$

❼ $55 - 6 = \boxed{} - 10$
   $= \boxed{}$

❽ $83 - 5 = 80 - \boxed{}$
   $= \boxed{}$

공부한 날

월

일

덧셈과 뺄셈의 머릿셈

티나는 덧셈하는 방법을 배우고 있어요.

받아올림이 없는 덧셈	받아올림이 있는 덧셈

그대로
$$23 + 4 = \boxed{2}\ \boxed{7}$$
$3+4=7$

+1
$$38 + 5 = \boxed{4}\ \boxed{3}$$
$8+5=13$

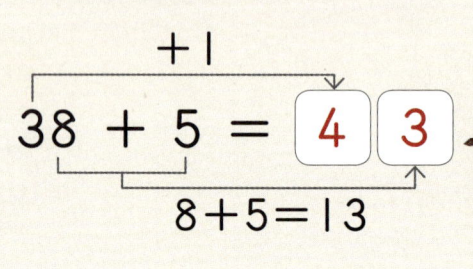

계산 방법이 어렵지는 않네. 해 봐야지!

🌳 ☐ 안에 알맞은 수를 쓰세요.

받아올림이 없는 덧셈	받아올림이 있는 덧셈

그대로
❶ $53 + 2 = \boxed{}\ \boxed{}$
$3+2=5$

+1
❷ $76 + 8 = \boxed{}\ \boxed{}$
$6+8=14$

그대로
❸ $64 + 5 = \boxed{}\ \boxed{}$
$4+5=9$

+1
❹ $27 + 7 = \boxed{}\ \boxed{}$
$7+7=14$

그대로
❺ $43 + 6 = \boxed{}\ \boxed{}$
$3+6=9$

+1
❻ $34 + 9 = \boxed{}\ \boxed{}$
$4+9=13$

● 계산을 하세요.

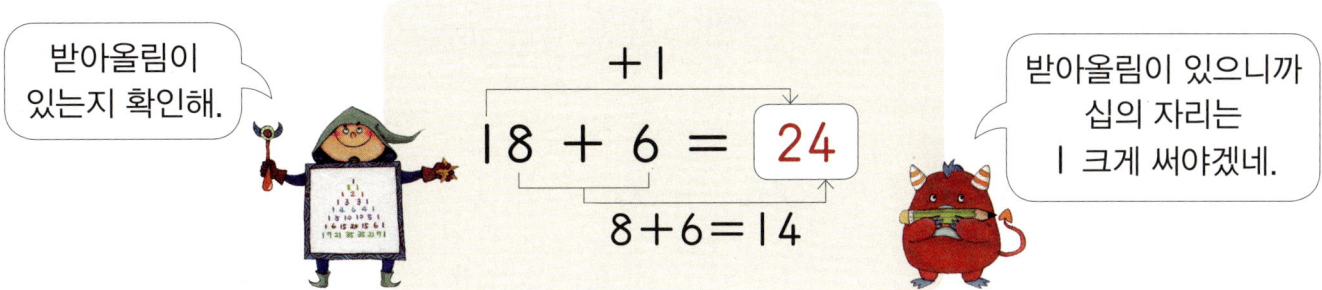

받아올림이 있는지 확인해.

$+1$

$18 + 6 = \boxed{24}$

$8+6=14$

받아올림이 있으니까 십의 자리는 1 크게 써야겠네.

① $45 + 3 = \boxed{}$

② $57 + 9 = \boxed{}$

③ $38 + 1 = \boxed{}$

④ $64 + 6 = \boxed{}$

⑤ $92 + 5 = \boxed{}$

⑥ $76 + 8 = \boxed{}$

⑦ $23 + 2 = \boxed{}$

⑧ $15 + 8 = \boxed{}$

⑨ $74 + 2 = \boxed{}$

⑩ $89 + 3 = \boxed{}$

큐리는 빠르고 정확한 뺄셈 방법을 배우고 있어요.

받아내림이 없는 뺄셈	받아내림이 있는 뺄셈

그대로

$$49 - 7 = \boxed{4}\ \boxed{2}$$

$9-7=2$

-1

$$24 - 6 = \boxed{1}\ \boxed{8}$$

$14-6=8$

받아내림이 있으면 십의 자리는 1 작게 써야겠네.

🌳 □ 안에 알맞은 수를 쓰세요.

받아내림이 없는 뺄셈	받아내림이 있는 뺄셈

그대로

❶ $48 - 1 = \boxed{}\ \boxed{}$

$8-1=7$

-1

❷ $23 - 7 = \boxed{}\ \boxed{}$

$13-7=6$

그대로

❸ $85 - 4 = \boxed{}\ \boxed{}$

$5-4=1$

-1

❹ $36 - 9 = \boxed{}\ \boxed{}$

$16-9=7$

그대로

❺ $57 - 3 = \boxed{}\ \boxed{}$

$7-3=4$

-1

❻ $62 - 8 = \boxed{}\ \boxed{}$

$12-8=4$

🌲 **계산을 하세요.**

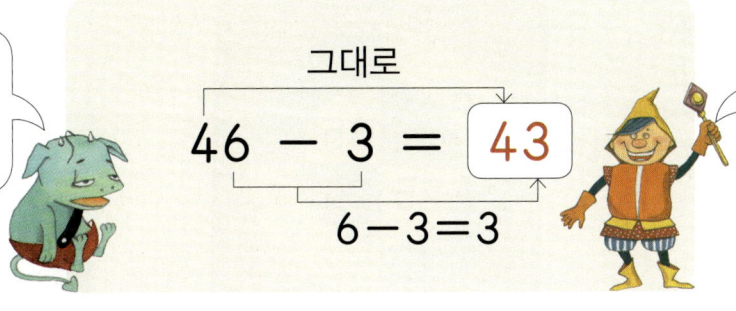

받아내림이 있는지 먼저 확인해야 하는 거지?

그대로
46 − 3 = 43
6−3=3

그렇지. 받아내림이 없으면 십의 자리는 그대로 쓰면 돼.

① 85 − 6 = ☐

② 53 − 1 = ☐

③ 37 − 8 = ☐

④ 29 − 9 = ☐

⑤ 42 − 7 = ☐

⑥ 76 − 4 = ☐

⑦ 68 − 2 = ☐

⑧ 91 − 5 = ☐

⑨ 74 − 1 = ☐

⑩ 43 − 6 = ☐

재미있는 덧셈과 뺄셈

티나는 과녁에 화살을 쏘아서 맞힌 두 수로 식을 세우고 계산을 해요.

색이 다른 과녁에 꽂히면 차를 구하고, 색이 같은 과녁에 꽂히면 합을 구하는 거야.

이번엔 차를 구해야겠네.

28 − 6 = 22

🌳 화살이 꽂힌 과녁의 점수를 ☐ 안에 쓰세요.

❶

46 + 9 = ☐

❷

34 − 8 = ☐

❸

73 + 5 = ☐

❹

51 − 2 = ☐

계산 결과가 같은 것끼리 선으로 이으세요.

큐리는 빙글빙글 도는 식을 완성하고 있어요.

식이 빙글빙글 돌고 있네.

차근차근 계산하면 쉽게 완성할 수 있어.

🌳 빈칸에 알맞은 수를 쓰세요.

❶

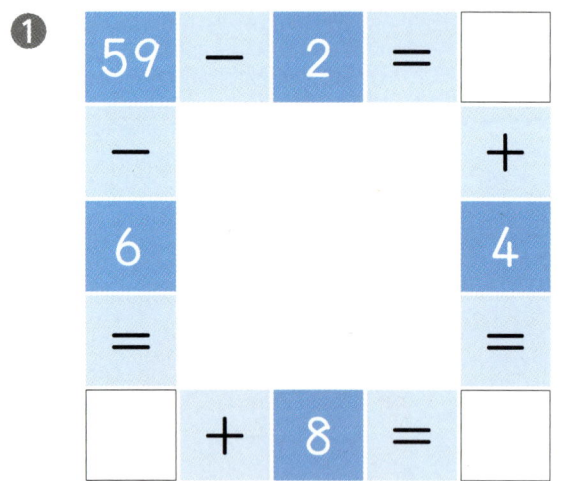

❷

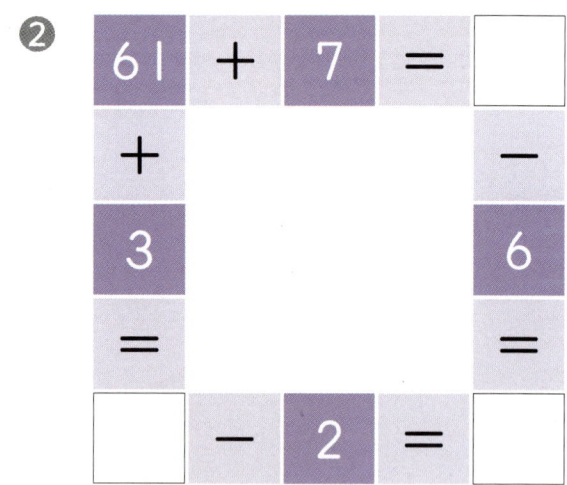

아이구~ 어지러워. 머리가 빙글빙글 돌아.

🌳 계산 결과를 찾아 길을 따라 선을 그으세요.

출발

47+6   53   61+8   68

52   69

31   35-1   78   82-4

34   72

73+6   78   94-9   85

79   86

22   28-7   63   56+7

21   64

공부한 날

월

일

🌲 그림을 보고 계산을 하세요.

❶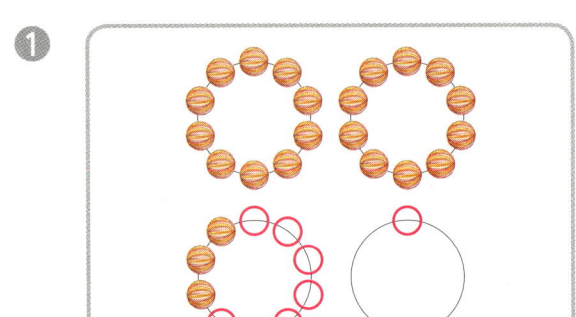

$$23 + 8 = \boxed{}$$

❷

$$34 + 5 = \boxed{}$$

🌲 십, 몇십을 만들어 덧셈을 해요. ☐ 안에 알맞은 수를 쓰세요.

❸ $45 + 8 = \boxed{} + 10$

$= \boxed{}$

❹ $67 + 4 = 70 + \boxed{}$

$= \boxed{}$

❺ $56 + 9 = \boxed{} + 10$

$= \boxed{}$

❻ $78 + 6 = 80 + \boxed{}$

$= \boxed{}$

🌲 ☐ 안에 알맞은 수를 쓰세요.

❼
$$\begin{array}{r} 3\ \ 5 \\ -\quad 5 \\ \hline \boxed{}\ \boxed{} \end{array}$$

❽
$$\begin{array}{r} \boxed{}\ \boxed{} \\ \cancel{2}\ \ 8 \\ -\quad 9 \\ \hline \boxed{}\ \boxed{} \end{array}$$

❾
$$\begin{array}{r} \boxed{}\ \boxed{} \\ \cancel{8}\ \ 1 \\ -\quad 4 \\ \hline \boxed{}\ \boxed{} \end{array}$$

🌲 같은 수를 더하거나 빼서 십, 몇십을 만들어 계산하세요.

⑩ $61 - 5 = \boxed{}$

－1 ⟶ $\boxed{}$

－1 ⟶ $\boxed{}$

$\boxed{} - \boxed{}$

⑪ $44 - 8 = \boxed{}$

＋2 ⟶ $\boxed{}$

＋2 ⟶ $\boxed{}$

$\boxed{} - \boxed{}$

🌲 ☐ 안에 알맞은 수를 쓰세요.

⑫ 그대로
$83 + 5 = \boxed{}\,\boxed{}$
$3+5=8$

⑬ ＋1
$57 + 4 = \boxed{}\,\boxed{}$
$7+4=11$

⑭ 그대로
$76 - 2 = \boxed{}\,\boxed{}$
$6-2=4$

⑮ －1
$92 - 3 = \boxed{}\,\boxed{}$
$12-3=9$

🌲 빈칸에 알맞은 수를 쓰세요.

⑯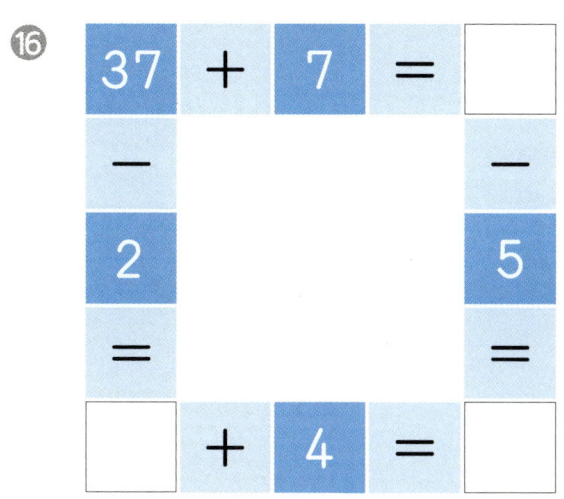

37	+	7	=	☐
-				-
2				5
=				=
☐		+	4	= ☐

⑰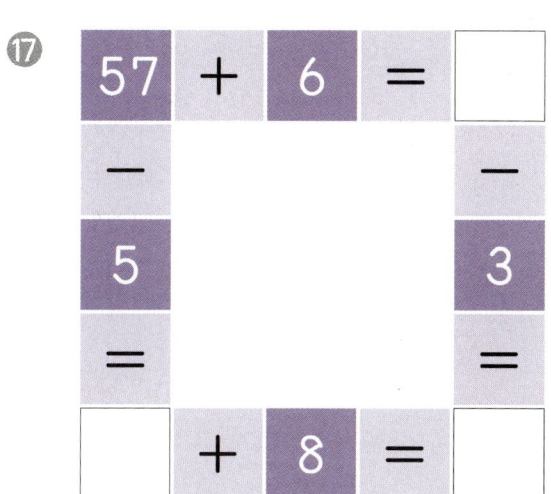

57	+	6	=	☐
-				-
5				3
=				=
☐		+	8	= ☐

연산력 게임

QR코드를 찍으면 다양한 연산 게임을 할 수 있어요.

캠핑을 떠나요

빈 곳에 들어갈 자동차는 무엇일까요?

아래쪽에서 알맞은 수를 찾아 손가락으로 끌어서 빈 곳에 넣으세요.
35를 넣으면 정답입니다.

빈 곳에 들어갈 연잎은 무엇일까요?

아래쪽에서 알맞은 수를 찾아 손가락으로 끌어서 빈 곳에 넣으세요.
77을 넣으면 정답입니다.

점프하는 개구리 왕자

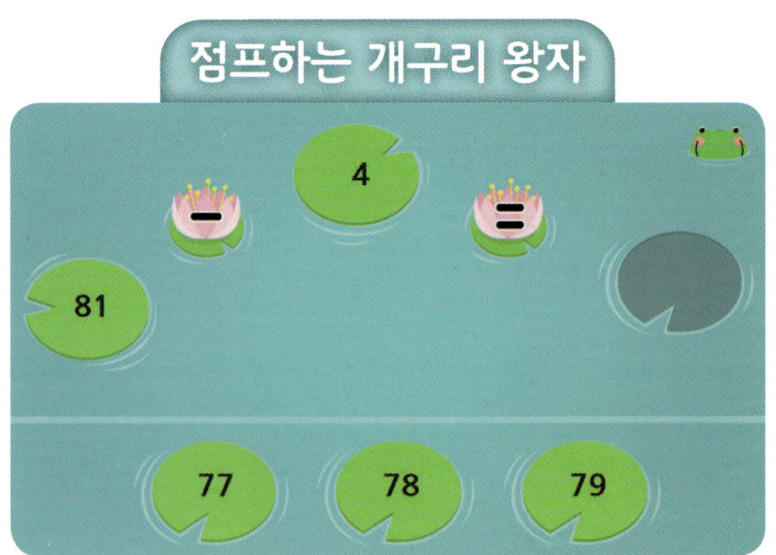

덧셈과 뺄셈의 관계

▶ 연산 보충 학습(104~105쪽)에서 더 풀어 보세요.

학부모 지도 가이드

이번 차시에서는 덧셈과 뺄셈의 관계를 종합적으로 공부합니다. 덧셈식을 이용하여 뺄셈식을 만들거나 뺄셈식을 이용하여 덧셈식을 만드는 과정을 그림을 통해 이해하게 합니다.

$$20 + 8 = 28$$
$$28 - 8 = 20$$

$$20 + 8 = 28$$
$$28 - 20 = 8$$

또한 가족수라는 개념을 통해 덧셈식과 뺄셈식을 이루는 수가 어떠한 관련이 있는지 알도록 지도해 주세요.

덧셈과 뺄셈의 관계

꼬마 요괴들이 구슬의 위치를 바꾸어 덧셈식을 뺄셈식으로 만들어요.

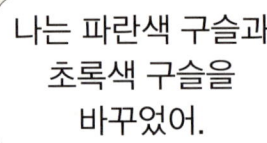 나는 파란색 구슬과 초록색 구슬을 바꾸었어.

 난 구슬의 위치를 모두 바꾸었어.

20 + 8 = 28   20 + 8 = 28

28 − 8 = 20   28 − 20 = 8

🌳 빈 곳에 알맞은 수를 쓰세요.

❶ 16 + 9 = 25   16 + 9 = 25

□ − 9 = □   25 − □ = □

❷ 31 + 5 = 36   31 + 5 = 36

□ − 5 = □   36 − □ = □

🌱 덧셈식을 보고 뺄셈식 2개를 만드세요.

13 + 2 = 15 ⟨
$15 - 2 = 13$
$15 - 13 = 2$

덧셈식에서 가장 큰 수가 항상 뺄셈식의 가장 앞에 오는 거야.

❶ 75 + 7 = 82 ⟨
☐ − ☐ = ☐
☐ − ☐ = ☐

❷ 29 + 4 = 33 ⟨
☐ − ☐ = ☐
☐ − ☐ = ☐

❸ 62 + 3 = 65 ⟨
☐ − ☐ = ☐
☐ − ☐ = ☐

❹ 38 + 9 = 47 ⟨
☐ − ☐ = ☐
☐ − ☐ = ☐

현우는 나무 막대를 보고 뺄셈식을 만들었어요.

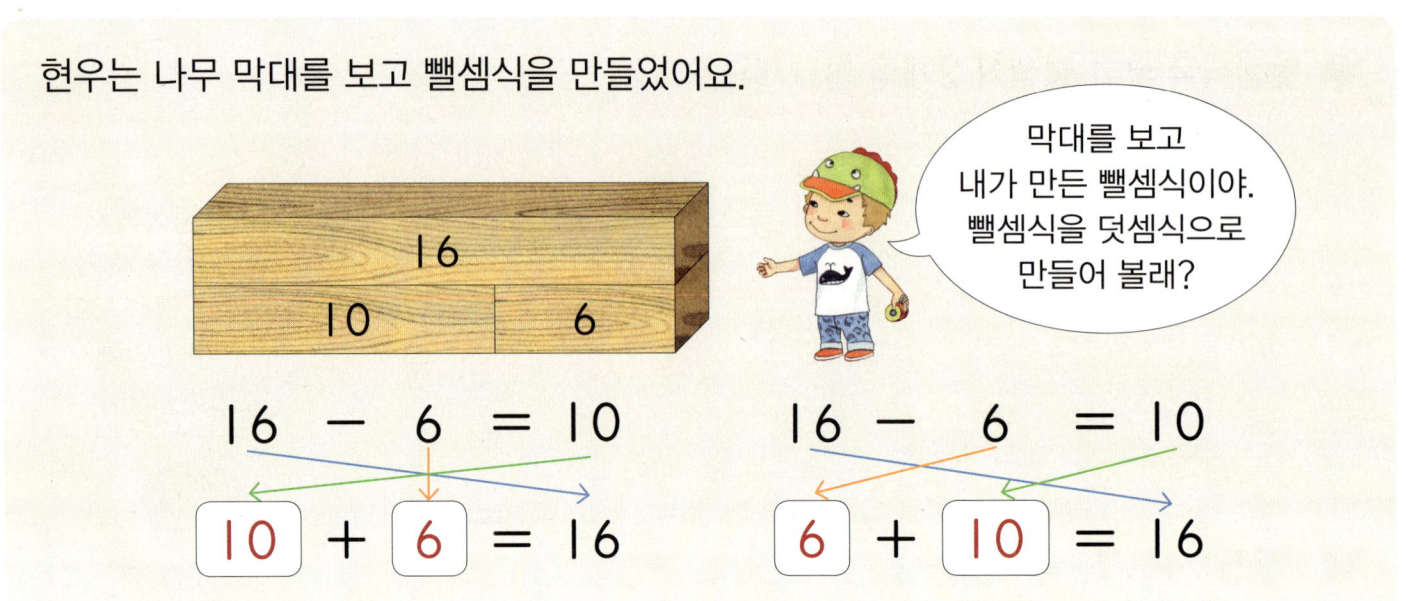

막대를 보고
내가 만든 뺄셈식이야.
뺄셈식을 덧셈식으로
만들어 볼래?

$$16 - 6 = 10$$

$$10 + 6 = 16$$

$$16 - 6 = 10$$

$$6 + 10 = 16$$

🌳 □ 안에 알맞은 수를 쓰세요.

❶

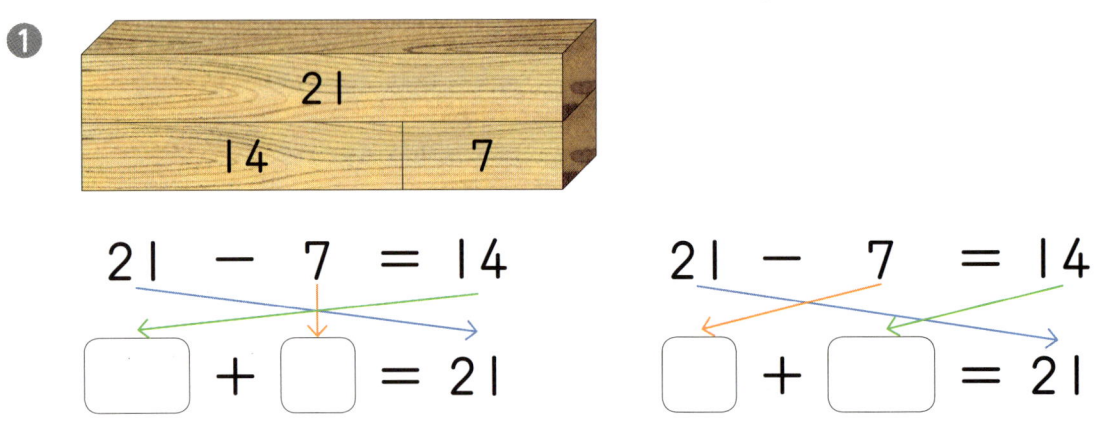

$$21 - 7 = 14$$

$$\boxed{} + \boxed{} = 21$$

$$21 - 7 = 14$$

$$\boxed{} + \boxed{} = 21$$

❷

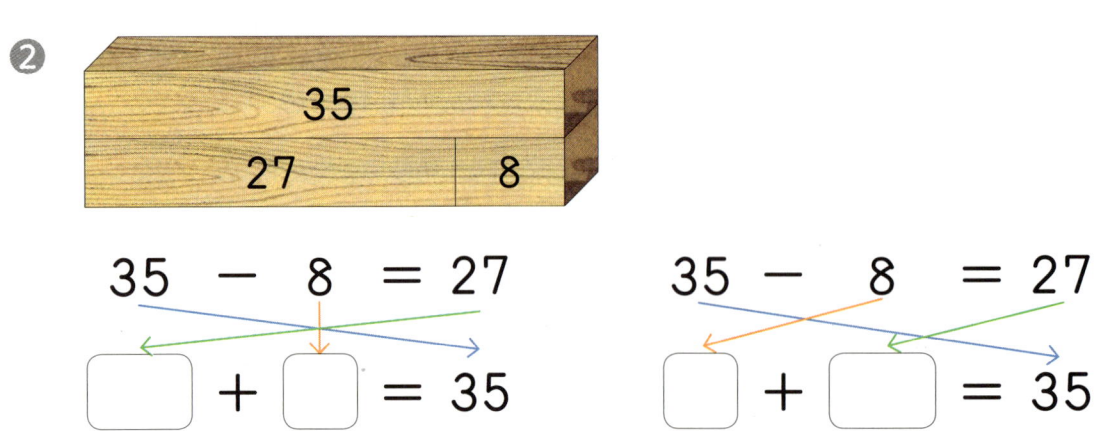

$$35 - 8 = 27$$

$$\boxed{} + \boxed{} = 35$$

$$35 - 8 = 27$$

$$\boxed{} + \boxed{} = 35$$

🌱 **빽셈식을 보고 덧셈식 2개를 만드세요.**

$18 - 5 = 13$ ⟨ $13 + 5 = 18$
$\qquad\qquad\qquad\qquad$ $5 + 13 = 18$

빼셈식에서 가장 큰 수를 덧셈식의 계산 결과에 쓰는 거야.

❶ $27 - 6 = 21$ ⟨ $\square + \square = \square$
$\qquad\qquad\qquad\qquad$ $\square + \square = \square$

❷ $43 - 7 = 36$ ⟨ $\square + \square = \square$
$\qquad\qquad\qquad\qquad$ $\square + \square = \square$

❸ $51 - 8 = 43$ ⟨ $\square + \square = \square$
$\qquad\qquad\qquad\qquad$ $\square + \square = \square$

❹ $39 - 4 = 35$ ⟨ $\square + \square = \square$
$\qquad\qquad\qquad\qquad$ $\square + \square = \square$

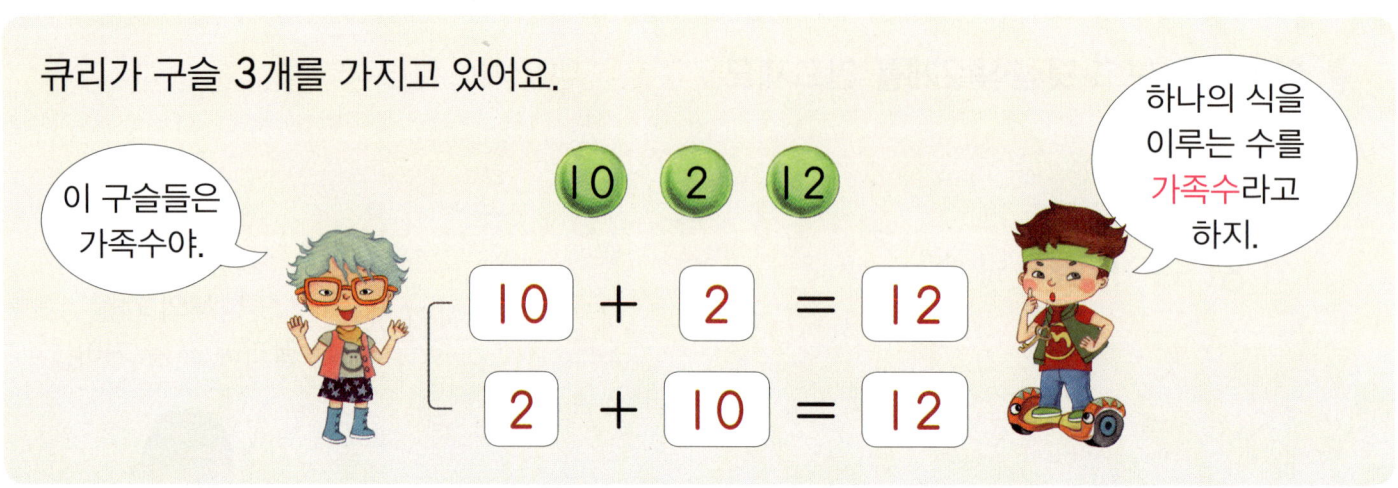

큐리가 구슬 3개를 가지고 있어요.

이 구슬들은 가족수야.

하나의 식을 이루는 수를 가족수라고 하지.

$$10 + 2 = 12$$
$$2 + 10 = 12$$

🌳 주어진 3개의 수를 모두 사용하여 덧셈식 2개를 만드세요.

❶ 15 3 18

[☐ + ☐ = ☐
☐ + ☐ = ☐

❷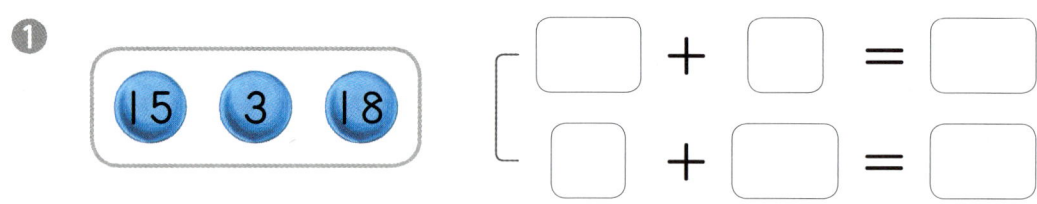

38 6 44

[☐ + ☐ = ☐
☐ + ☐ = ☐

❸ 46 41 5

[☐ + ☐ = ☐
☐ + ☐ = ☐

우산에 적힌 수 중 가족수를 찾아 색칠하고 덧셈식 2개를 만드세요.

티나가 구슬을 사용하여 뺄셈식을 만들어요.

가족수 구슬이 여기 있어.

6   24   18

$24 - 6 = 18$

내가 만든 식이야.

🌳 주어진 수를 한 번씩 모두 사용하여 뺄셈식을 만드세요.

❶ 27 23 4

$\boxed{} - \boxed{} = \boxed{23}$

❷ 43 7 36

$\boxed{} - \boxed{} = \boxed{36}$

❸ 8 35 27

$\boxed{} - \boxed{} = \boxed{27}$

❹ 11 3 14

$\boxed{} - \boxed{} = \boxed{11}$

❺ 2 45 47

$\boxed{} - \boxed{} = \boxed{45}$

주어진 수 중 세 수를 사용하여 덧셈식과 뺄셈식을 만드세요.

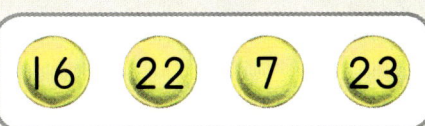

$$16 + 7 = 23$$

$$23 - 7 = 16$$

세 수 중 가장 큰 수를 덧셈식의 맨 뒤에, 뺄셈식의 맨 앞에 넣는 거야.

❶ 5 21 26 6

$$\boxed{} + \boxed{} = 26$$

$$\boxed{} - \boxed{} = 21$$

❷ 13 1 12 15

$$\boxed{} + \boxed{} = 13$$

$$\boxed{} - \boxed{} = 12$$

❸ 62 9 8 71

$$\boxed{} + \boxed{} = 71$$

$$\boxed{} - \boxed{} = 62$$

❹ 6 39 44 45

$$\boxed{} + \boxed{} = 45$$

$$\boxed{} - \boxed{} = 39$$

덧셈식, 뺄셈식 보고 ☐ 구하기

장난 요괴가 거꾸로 요괴의 나무 막대 하나를 가져갔어요.

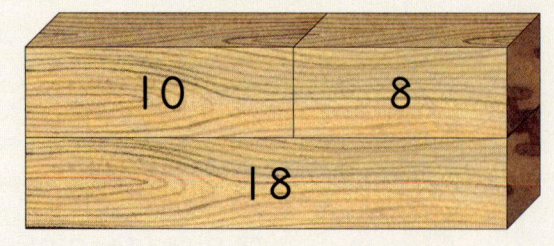

$$10 + 8 = 18 \quad \Rightarrow \quad 18 - 8 = 10$$

길이가
얼마인 막대를
가져간 거지?

10과 8을 더하면 18,
길이가 10인 막대가 남았으니까
8인 막대를 가져간 거지.

🌳 그림을 보고 ☐ 안에 알맞은 수를 쓰세요.

❶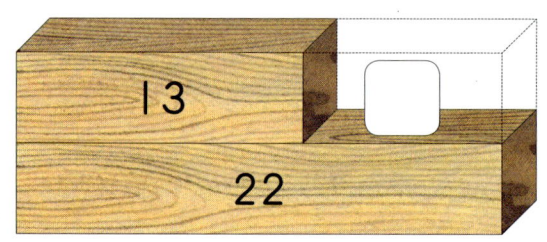

$$13 + 9 = 22 \quad \Rightarrow \quad 22 - \boxed{} = 13$$

❷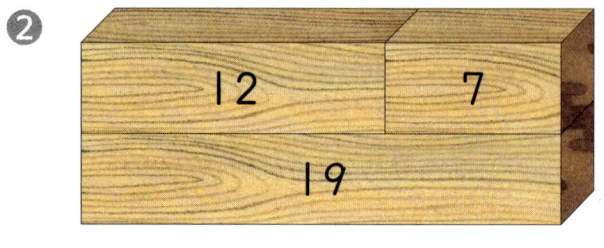

$$12 + 7 = 19 \quad \Rightarrow \quad \boxed{} - 7 = 12$$

● 관계있는 것끼리 선으로 이으세요.

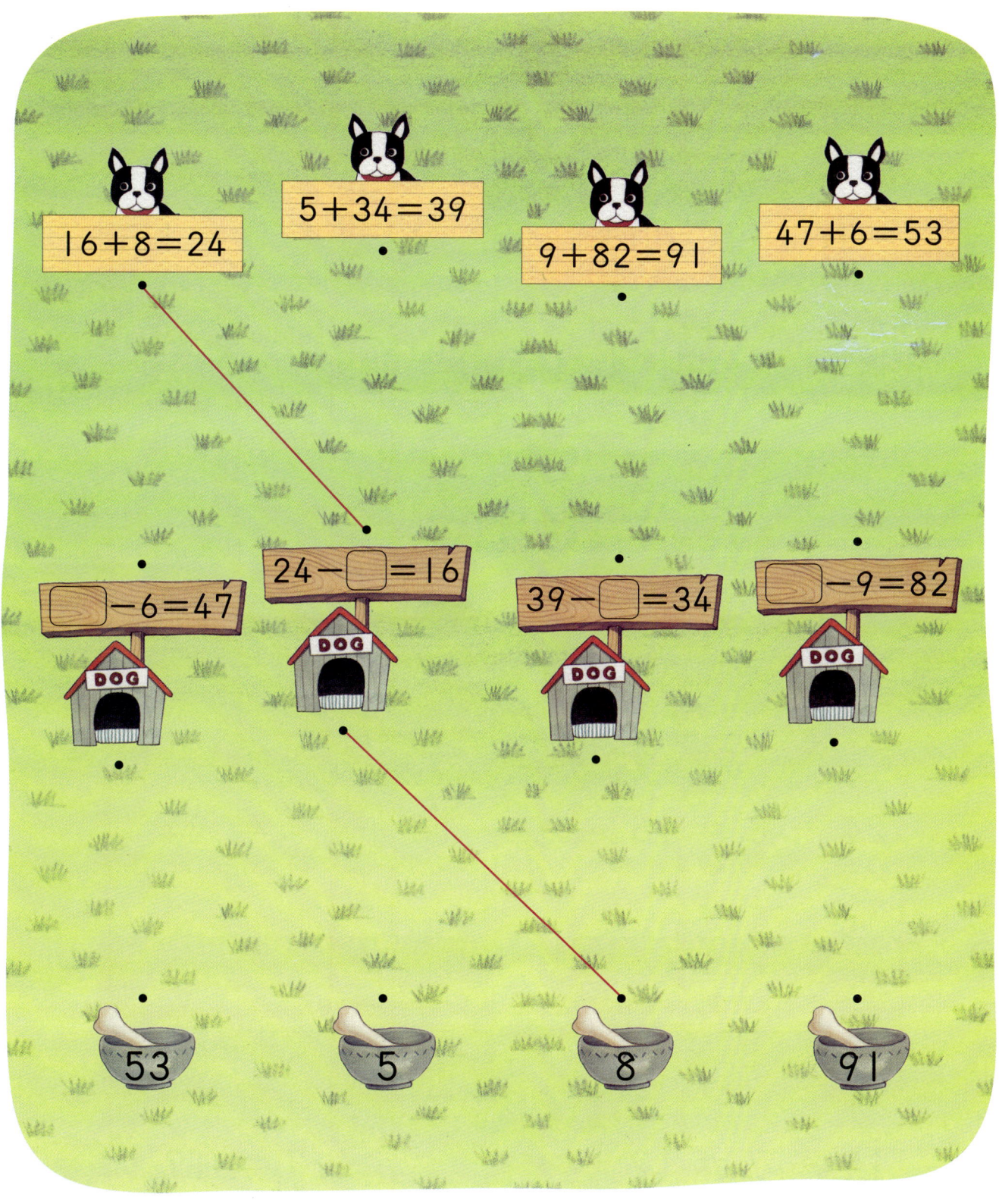

16+8=24

5+34=39

9+82=91

47+6=53

☐−6=47

24−☐=16

39−☐=34

☐−9=82

53

5

8

91

장난 요괴가 가져간 나무 막대를 거꾸로 요괴가 돌려받았어요.

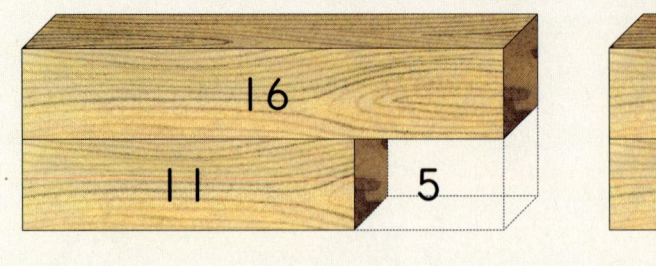
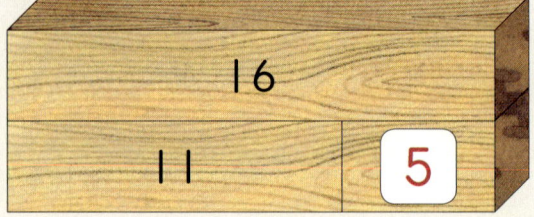

$$16 - 5 = 11 \quad \Rightarrow \quad 11 + \boxed{5} = 16$$

길이가 얼마인 막대를 돌려받은 거지?

16에서 5를 빼면 11,
길이가 11인 막대가 남았으니까
5인 막대를 돌려받았어.

🌳 그림을 보고 ☐ 안에 알맞은 수를 쓰세요.

1

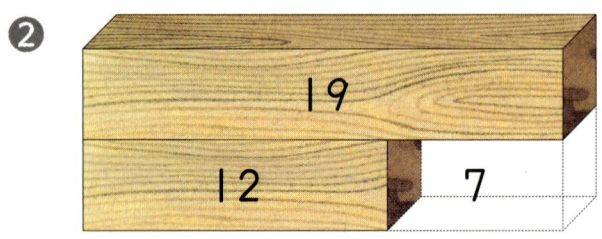

$$24 - 8 = 16 \quad \Rightarrow \quad 16 + \boxed{} = 24$$

2

$$19 - 7 = 12 \quad \Rightarrow \quad \boxed{} + 7 = 19$$

● 주어진 뺄셈식을 계산하고 □ 안에 알맞은 수를 쓰세요.

$$18 - 6 = \boxed{12} \quad \Rightarrow \quad 6 + \boxed{12} = 18$$

뺄셈식과 덧셈식을 잘 살펴봐. 난 이만 잘래.

❶ $27 - 9 = \boxed{} \quad \Rightarrow \quad \boxed{} + 9 = 27$

공부한 날

월

일

❷ $52 - 3 = \boxed{} \quad \Rightarrow \quad 49 + \boxed{} = 52$

❸ $45 - 8 = \boxed{} \quad \Rightarrow \quad \boxed{} + 8 = 45$

❹ $72 - 7 = \boxed{} \quad \Rightarrow \quad \boxed{} + 7 = 72$

❺ $69 - 1 = \boxed{} \quad \Rightarrow \quad 68 + \boxed{} = 69$

□가 있는 덧셈식

현우가 쟁반에 과자를 4개 더 놓았어요.

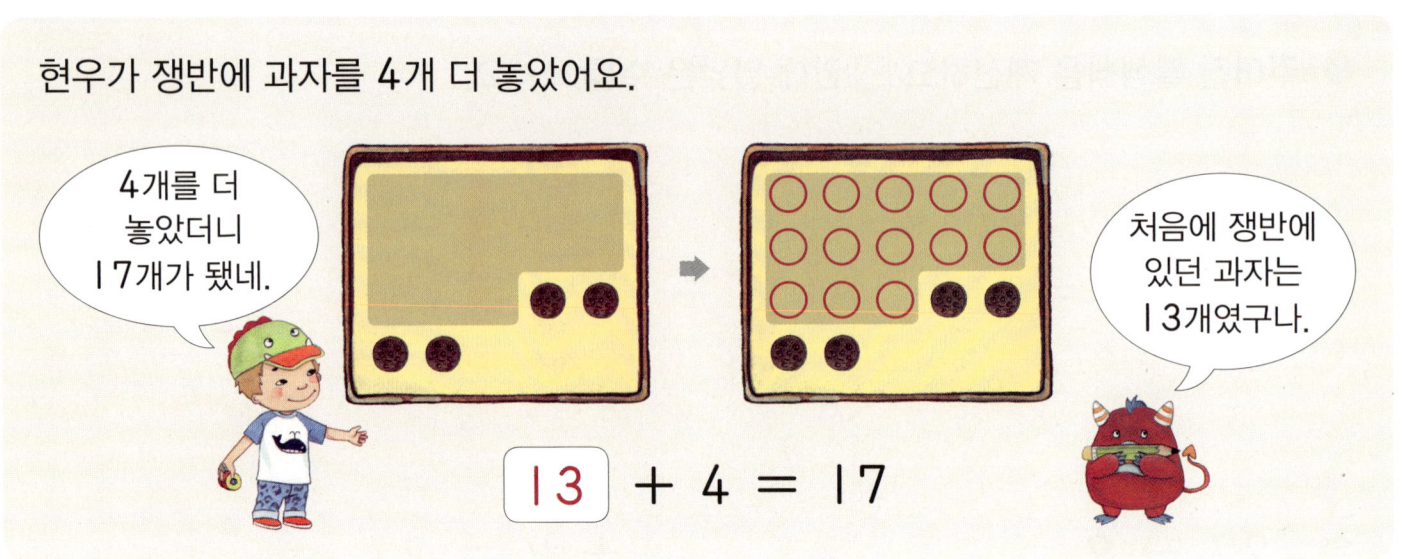

4개를 더 놓았더니 17개가 됐네.

처음에 쟁반에 있던 과자는 13개였구나.

$$13 + 4 = 17$$

🌳 처음에 있던 과자의 수만큼 ◯를 그리고 □ 안에 알맞은 수를 쓰세요.

❶

$$\boxed{} + 4 = 15$$

❷

$$\boxed{} + 5 = 17$$

❸

$$\boxed{} + 3 = 20$$

❹

$$\boxed{} + 7 = 22$$

🌳 사다리 타기를 하여 ☐ 안에 알맞은 수를 쓰세요.

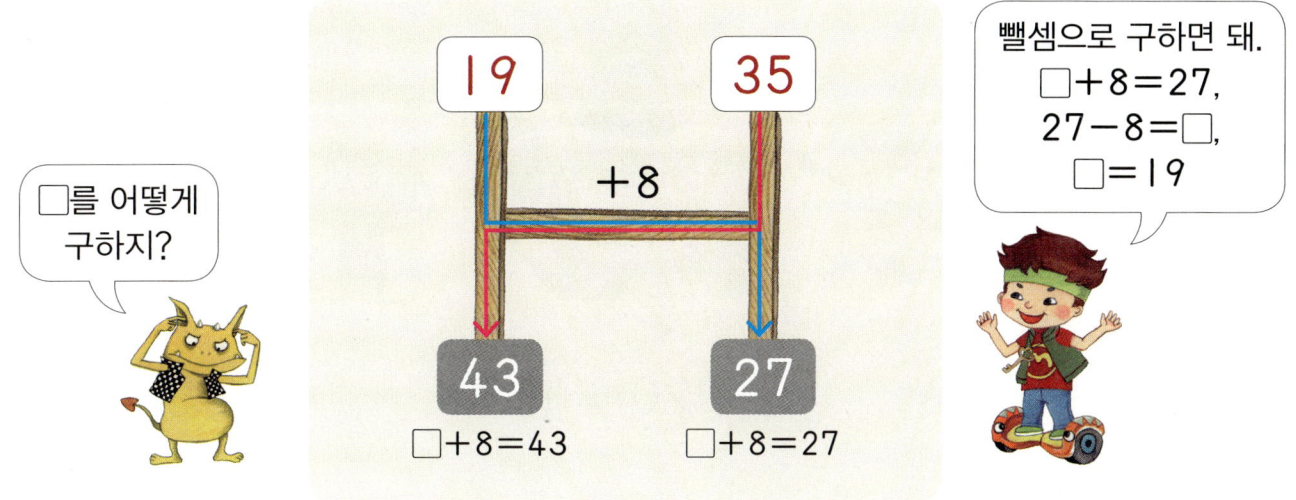

☐를 어떻게 구하지?

19   35

+8

43   27

☐+8=43   ☐+8=27

빨셈으로 구하면 돼.
☐+8=27,
27−8=☐,
☐=19

❶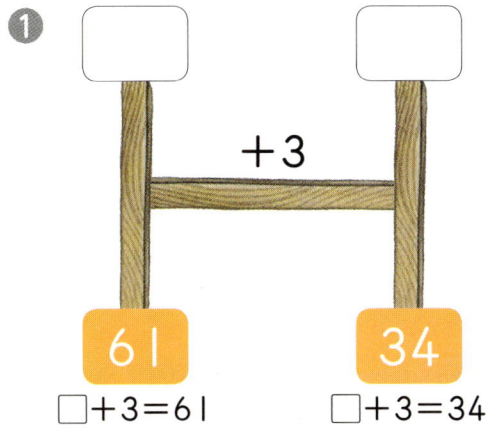

+3

61   34

☐+3=61   ☐+3=34

❷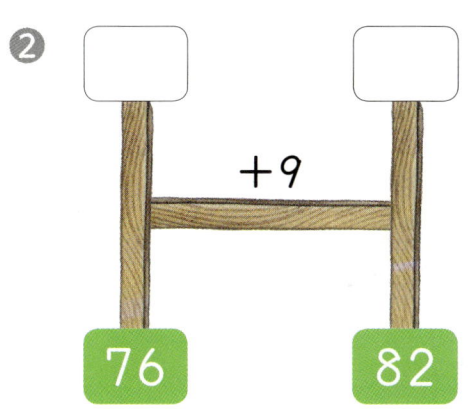

+9

76   82

❸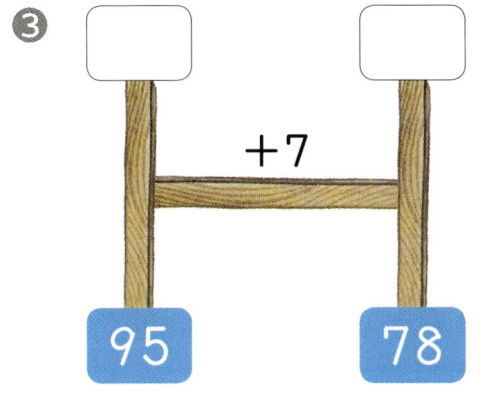

+7

95   78

❹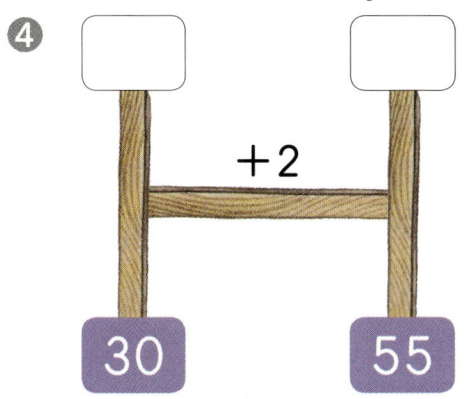

+2

30   55

거꾸로 요괴가 마법 상자에 공을 넣어요.

공이 들어갔다 나왔더니 수가 커졌네.

3

+17

20 3+□=20

3+□=20,
20−3=□,
□=17

🌳 마법 상자의 □ 안에 알맞은 수를 쓰세요.

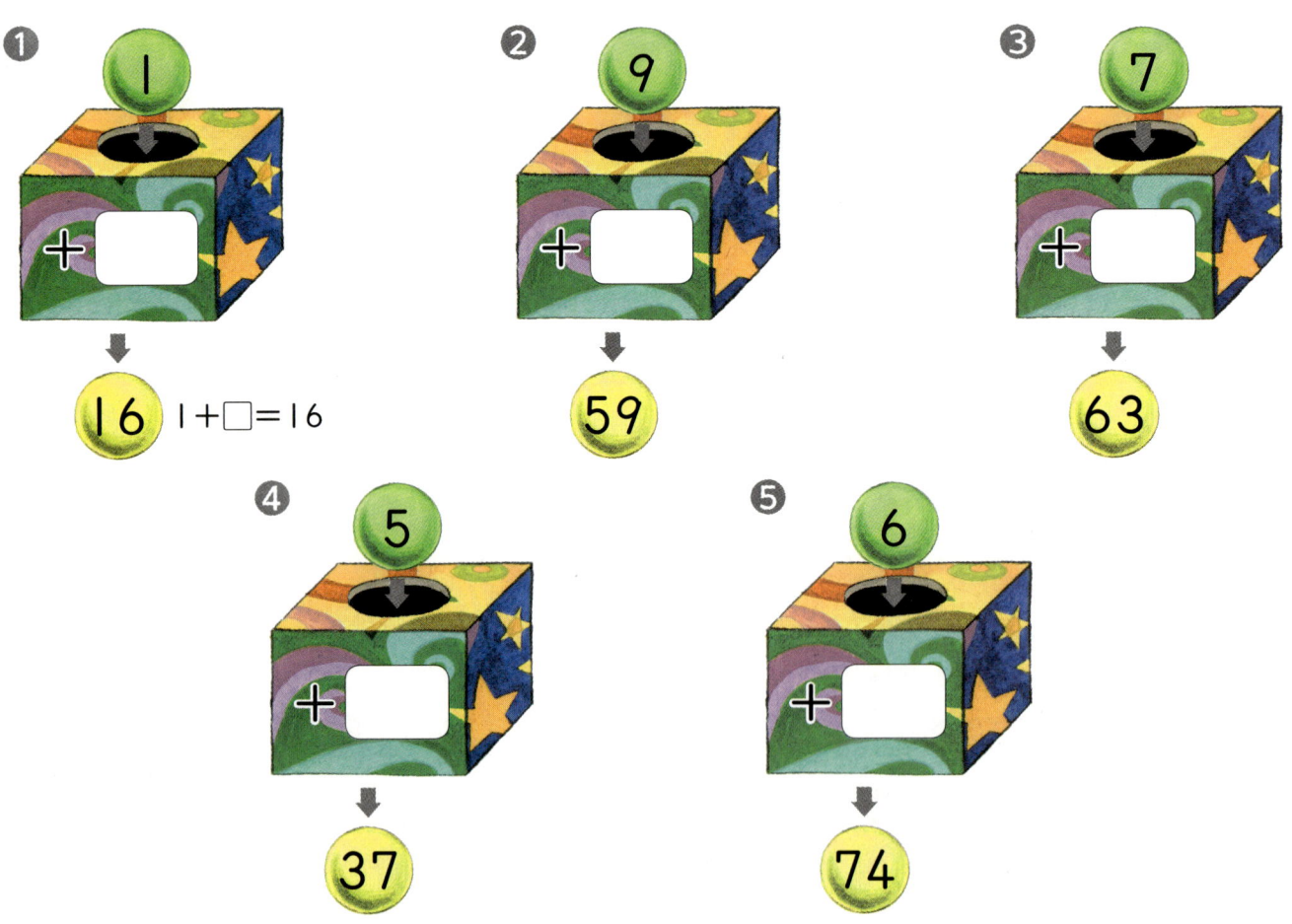

❶ 1

+

16 1+□=16

❷ 9

+

59

❸ 7

+

63

❹ 5

+

37

❺ 6

+

74

🌳 ☐ 안에 알맞은 수를 쓰세요.

어휴…….
어려워.

$$4 + \boxed{15} = 19$$
19−4=15

4와 19의 차를
생각하면 쉬워.

❶ $6 + \boxed{} = 23$
23−6=17

❷ $7 + \boxed{} = 51$
51−7=44

❸ $8 + \boxed{} = 36$

❹ $2 + \boxed{} = 79$

❺ $5 + \boxed{} = 18$

❻ $1 + \boxed{} = 30$

❼ $3 + \boxed{} = 65$

❽ $4 + \boxed{} = 72$

❾ $9 + \boxed{} = 48$

❿ $8 + \boxed{} = 84$

무엇을 배웠을까요

▲ 덧셈식을 보고 뺄셈식 2개를 만들거나 뺄셈식을 보고 덧셈식 2개를 만드세요.

① $36 + 7 = 43$

$$\boxed{} - \boxed{} = \boxed{}$$

$$\boxed{} - \boxed{} = \boxed{}$$

② $54 - 8 = 46$

$$\boxed{} + \boxed{} = \boxed{}$$

$$\boxed{} + \boxed{} = \boxed{}$$

▲ 주어진 3개의 수를 모두 사용하여 덧셈식 2개를 만드세요.

③ 16 5 21

$$\boxed{} + \boxed{} = \boxed{}$$

$$\boxed{} + \boxed{} = \boxed{}$$

④ 9 62 71

$$\boxed{} + \boxed{} = \boxed{}$$

$$\boxed{} + \boxed{} = \boxed{}$$

▲ 주어진 수 중 세 수를 사용하여 덧셈식과 뺄셈식을 만드세요.

⑤ 5 42 47 6

$$\boxed{} + \boxed{} = 47$$

$$\boxed{} - \boxed{} = 42$$

⑥ 25 8 7 33

$$\boxed{} + \boxed{} = 33$$

$$\boxed{} - \boxed{} = 25$$

🌲 그림을 보고 □ 안에 알맞은 수를 쓰세요.

❼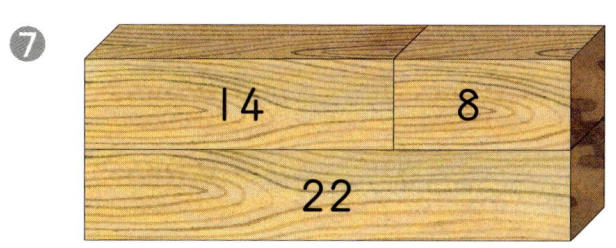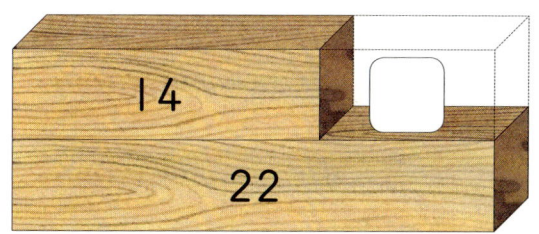

$$14 + 8 = 22 \quad \Rightarrow \quad 22 - \boxed{} = 14$$

🌲 주어진 뺄셈식을 계산하고 □ 안에 알맞은 수를 쓰세요.

❽ $38 - 8 = \boxed{} \quad \Rightarrow \quad \boxed{} + 8 = 38$

❾ $65 - 7 = \boxed{} \quad \Rightarrow \quad 58 + \boxed{} = 65$

공부한 날

월

일

🌲 사다리 타기를 하여 □ 안에 알맞은 수를 쓰세요.

❿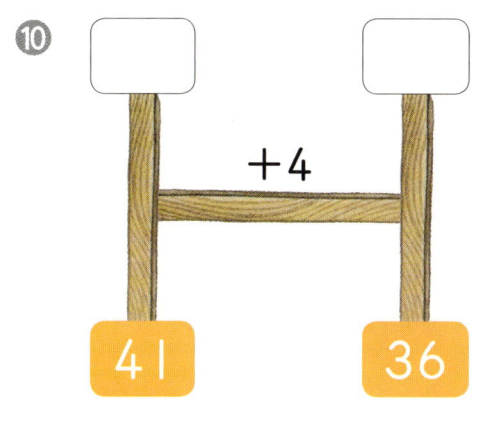

+4

41   36

⓫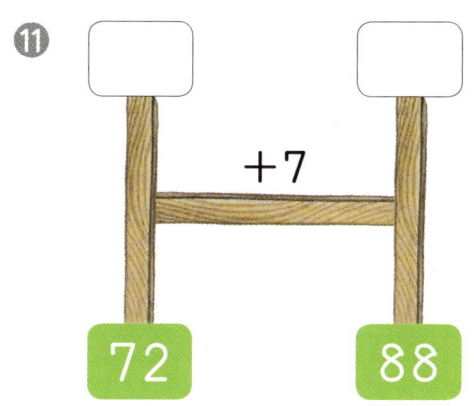

+7

72   88

🌲 □ 안에 알맞은 수를 쓰세요.

⓬ $6 + \boxed{} = 58$

⓭ $5 + \boxed{} = 83$

연산력 게임

▶PLAY
QR코드를 찍으면 다양한 연산 게임을 할 수 있어요.

알록달록 공 찾기

18 만들기

0

3
5
13
17

더해서 저울에 쓰여 있는 수가 되는 공 2개를 찾아보세요.

오른쪽에서 알맞은 수를 찾아 손가락으로 끌어서 저울 위에 올리세요.
5와 13을 올리면 정답입니다.

자판기에서 어느 버튼을 눌러야 할까요?

물통과 컵에 적힌 수를 보고 자판기에서 알맞은 버튼을 찾아 손가락으로 누르세요.
+15 버튼을 누르면 정답입니다.

신기한 덧셈 자판기

4

+ 15   + 17   + 19

19

덧셈과 뺄셈의 문제 해결

▶ 연산 보충 학습(106 ~ 107쪽)에서 더 풀어 보세요.

학부모 지도 가이드

이번 차시에서는 덧셈과 뺄셈의 관계에 대한 다양한 응용문제를 공부합니다. 숫자 카드를 이용하여 여러 가지 식을 만들고 계산해 보면서 어떠한 값이 주어졌을 때 숫자 카드를 어느 자리에 배열해야 목표수를 만들 수 있는지 알도록 지도해 주세요.

```
  1  2         9  2          8  4         8  4          7  4         4  1
            +          1                -          2                -          7
  9            9  3     8  2              8  2          1              3  4
```

▲ 가장 큰 합   ▲ 가장 큰 차   ▲ 목표수

□가 있는 뺄셈식

한입 요괴가 태돌이에게 받은 과자 17개 중 몇 개를 먹었어요.

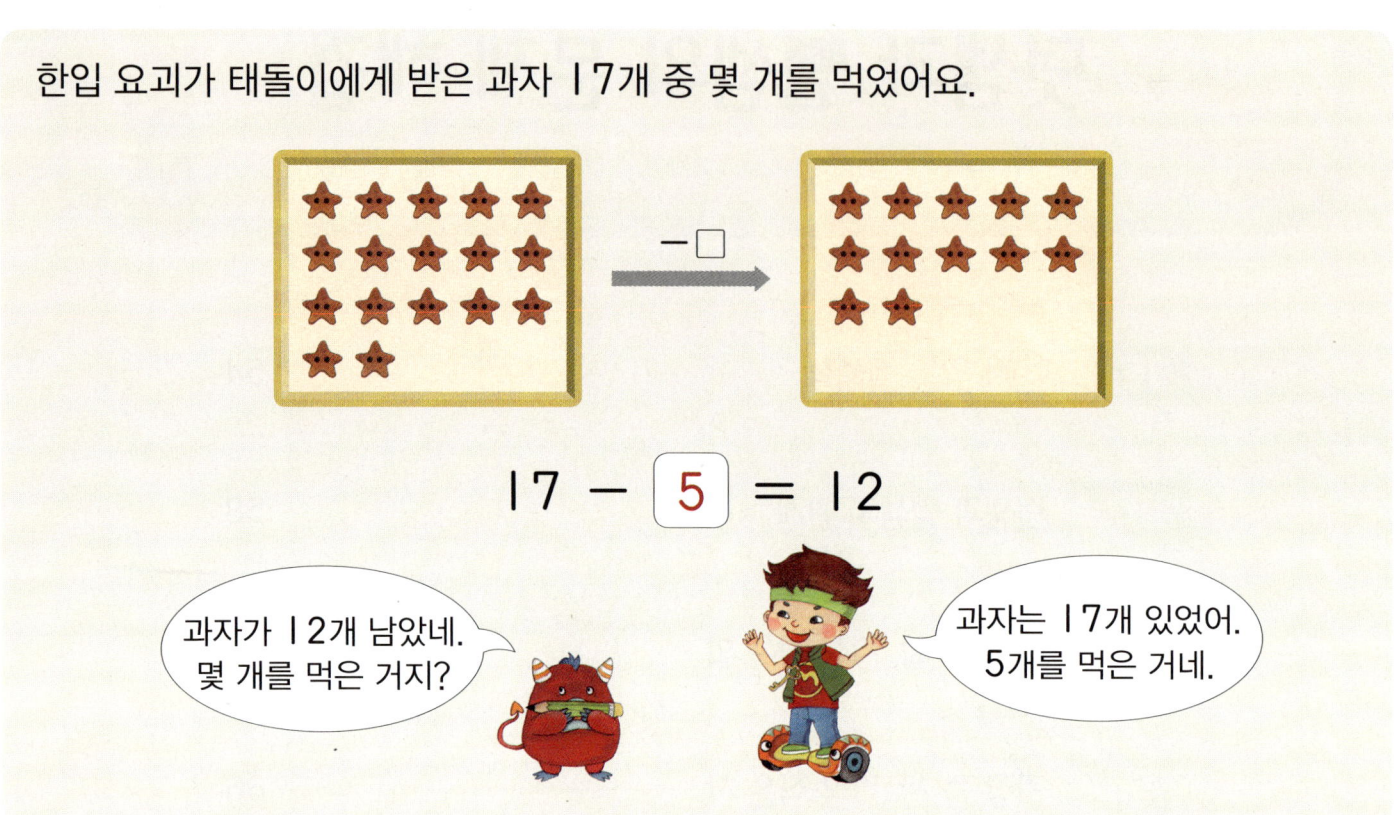

$$17 - \boxed{5} = 12$$

과자가 12개 남았네.
몇 개를 먹은 거지?

과자는 17개 있었어.
5개를 먹은 거네.

🌳 과자의 처음 개수와 남은 개수를 보고 □ 안에 알맞은 수를 쓰세요.

①

$$18 - \boxed{} = 12$$

②

$$25 - \boxed{} = 16$$

🌳 ☐ 안에 알맞은 수를 찾아 선으로 이으세요.

60 - ☐ = 53

91 - ☐ = 82

83 - ☐ = 75

52 - ☐ = 48

8

4

7

9

장난 요괴가 나무 막대의 일부를 잘랐어요.

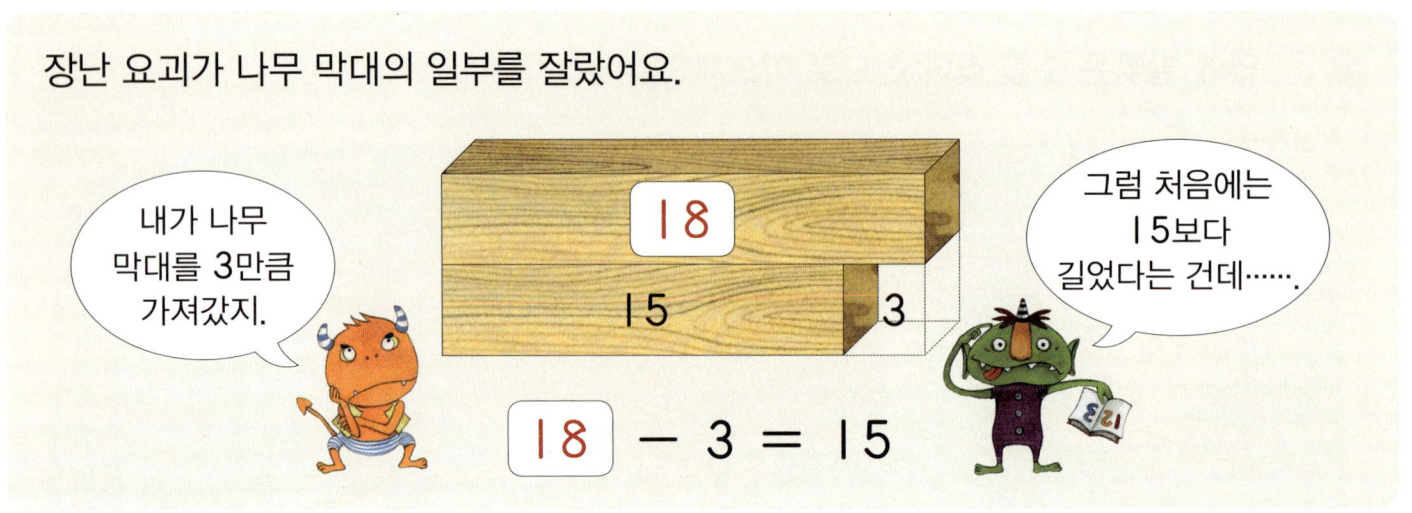

그림을 보고 ☐ 안에 알맞은 수를 쓰세요.

1

☐ − 8 = 14

2

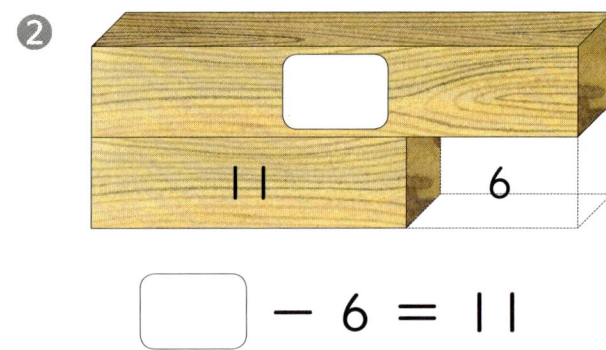

☐ − 6 = 11

3

☐ − 4 = 12

4

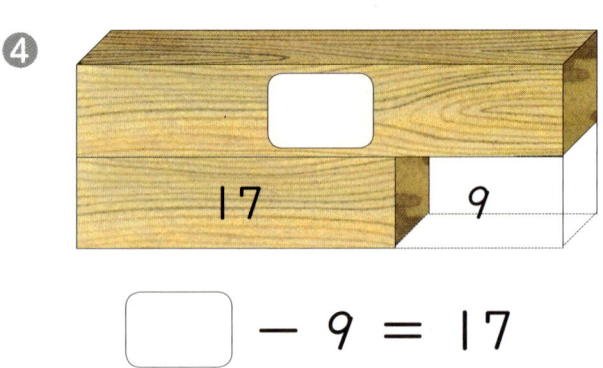

☐ − 9 = 17

□ 안에 알맞은 수를 쓰세요.

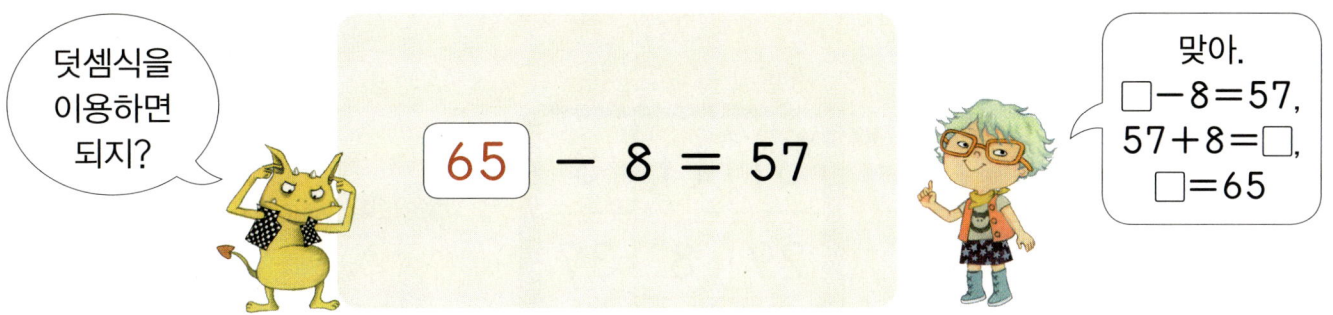

덧셈식을 이용하면 되지?

$65 - 8 = 57$

맞아.
$\square - 8 = 57$,
$57 + 8 = \square$,
$\square = 65$

❶ $\boxed{} - 4 = 32$

❷ $\boxed{} - 6 = 78$

❸ $\boxed{} - 1 = 25$

❹ $\boxed{} - 3 = 54$

❺ $\boxed{} - 9 = 64$

❻ $\boxed{} - 7 = 48$

❼ $\boxed{} - 2 = 42$

❽ $\boxed{} - 8 = 37$

❾ $\boxed{} - 5 = 26$

❿ $\boxed{} - 4 = 86$

덧셈과 뺄셈의 관계

태돌이는 집에서 가족수를 찾아 식을 만들었어요.

$$29 + 8 = 37$$

$$37 - 8 = 29$$

🌳 가로나 세로로 한 줄에 놓인 가족수를 찾아 덧셈식과 뺄셈식을 만드세요.

❶

11	7	8
6	49	56
18	56	24

□ + □ = □

□ − □ = □

❷

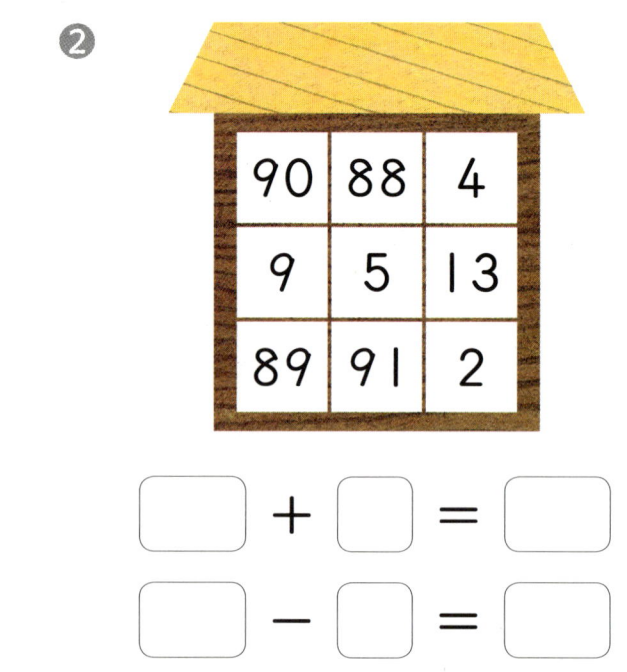

□ + □ = □

□ − □ = □

덧셈식과 관계있는 뺄셈식을 찾아 선으로 이으세요.

현우는 과녁에 화살을 던졌어요.

화살이 날아가서 어디에 꽂힐까?

15+6=□, □=21이네.

□-6=15

🌳 □ 안에 알맞은 수를 찾아 ⭕표 하세요.

❶

49 53
52 47

□+3=50

❷

22 31
23 30

□-4=27

❸

13 25
26 12

7+□=19

❹

53 43
42 54

□-5=48

🌳 빈칸에 알맞은 수를 쓰세요.

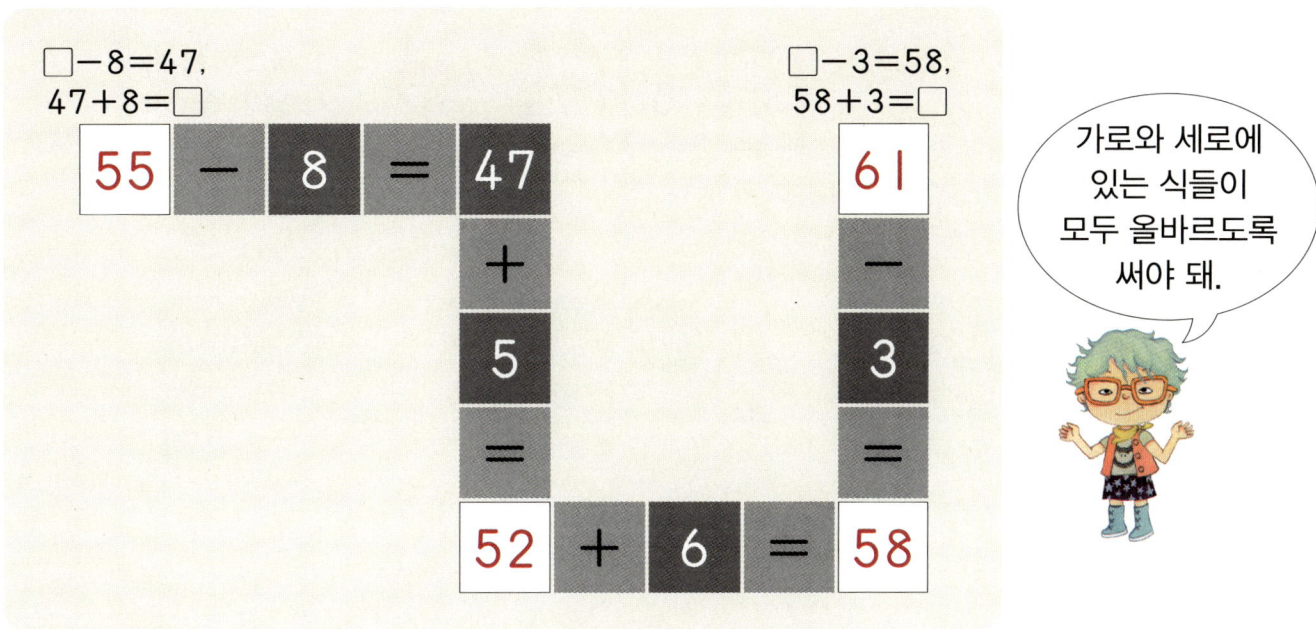

$\square - 8 = 47,$
$47 + 8 = \square$

$\square - 3 = 58,$
$58 + 3 = \square$

| 55 | − | 8 | = | 47 | | 61 |
| 52 | + | 6 | = | 58 |

가로와 세로에 있는 식들이 모두 올바르도록 써야 돼.

❶

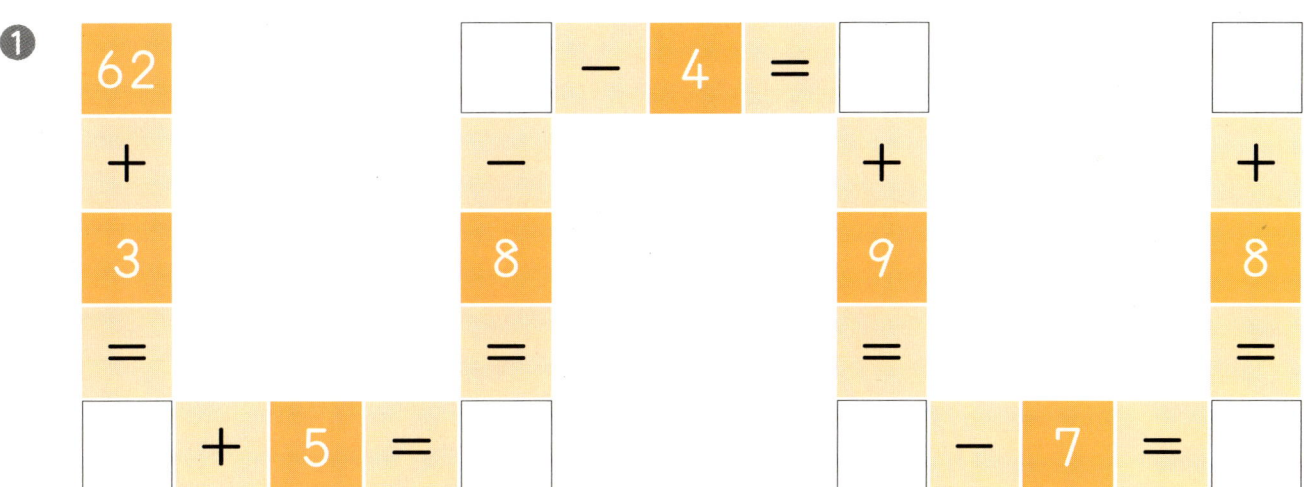

왼쪽 식부터 차례로 □ 안에 알맞은 수를 구해.

가장 큰 합, 가장 작은 합

큐리가 숫자 카드를 사용하여 여러 가지 덧셈식을 만들어요.

내가 만든 식 중에서 합이 가장 큰 식을 찾아봐.

| 2 | 5 | 7 |

계산하지 않고 알면 좋겠어.

```
  5 2          2 7          7 5
+   7        +   4        +   2
─────        ─────        ─────
  5 9          3 1          7 7
```

🌳 주어진 숫자 카드로 만든 덧셈식을 계산하고 합이 가장 큰 식에 ◯표 하세요.

①

| 1 | 3 |
| 4 |

```
  4 3          3 1          1 4
+   1        +   4        +   3
─────        ─────        ─────
```

②

| 3 | 6 |
| 8 |

```
  6 8          8 3          3 6
+   3        +   6        +   8
─────        ─────        ─────
```

주어진 숫자 카드를 한 번씩 사용하여 합이 가장 큰 식을 만들고 계산하세요.

가장 큰 숫자를
십의 자리에 쓰면 돼.

$$\begin{array}{r} 9\ 1 \\ +\ \ \ 2 \\ \hline 9\ 3 \end{array}$$

이것도 되네.

❶
1   2   8

$$\begin{array}{r} \square\ \square \\ +\quad\ \ \square \\ \hline \square\ \square \end{array}$$

❷
4   7   8

$$\begin{array}{r} \square\ \square \\ +\quad\ \ \square \\ \hline \square\ \square \end{array}$$

❸
3   6   9

$$\begin{array}{r} \square\ \square \\ +\quad\ \ \square \\ \hline \square\ \square \end{array}$$

❹
2   5   9

$$\begin{array}{r} \square\ \square \\ +\quad\ \ \square \\ \hline \square\ \square \end{array}$$

태돌이도 숫자 카드를 사용하여 덧셈식을 만들어요.

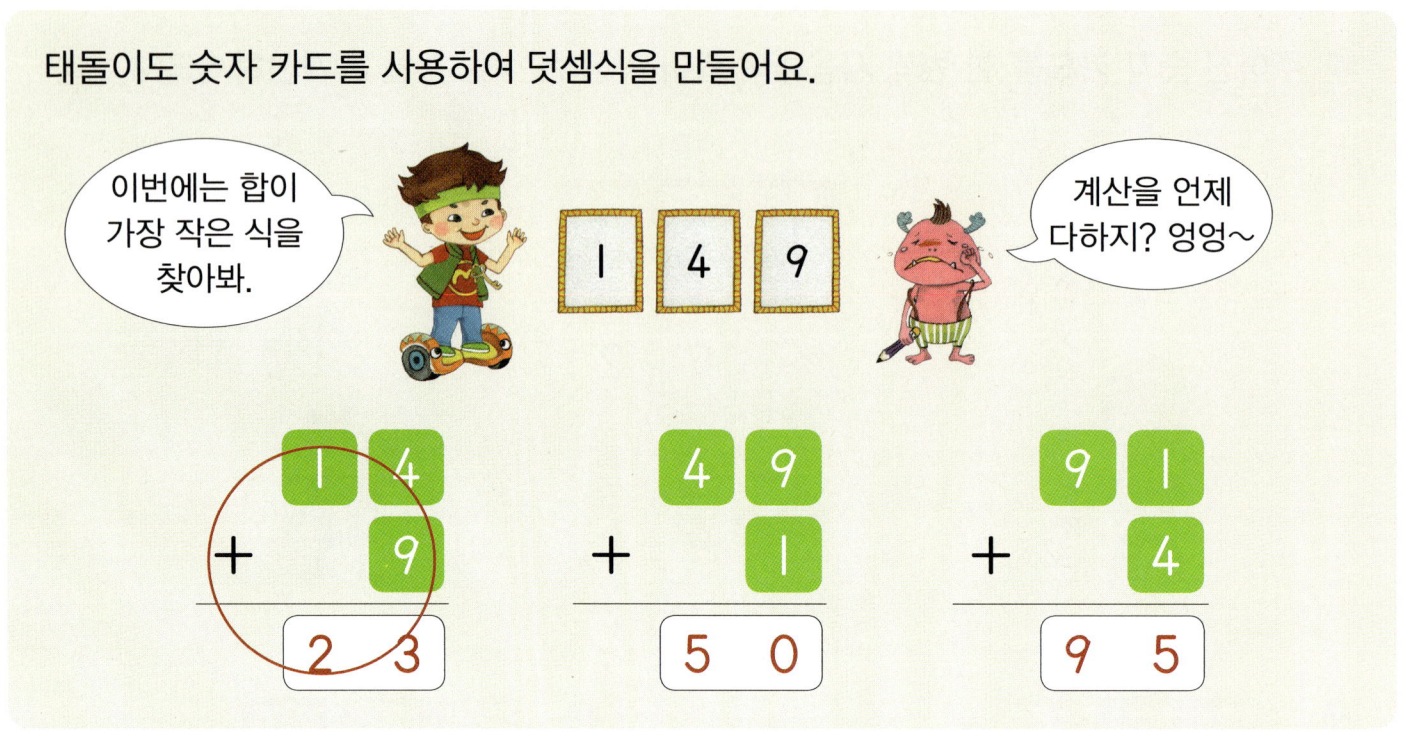

🌳 주어진 숫자 카드로 만든 덧셈식을 계산하고 합이 가장 작은 식에 ⚪표 하세요.

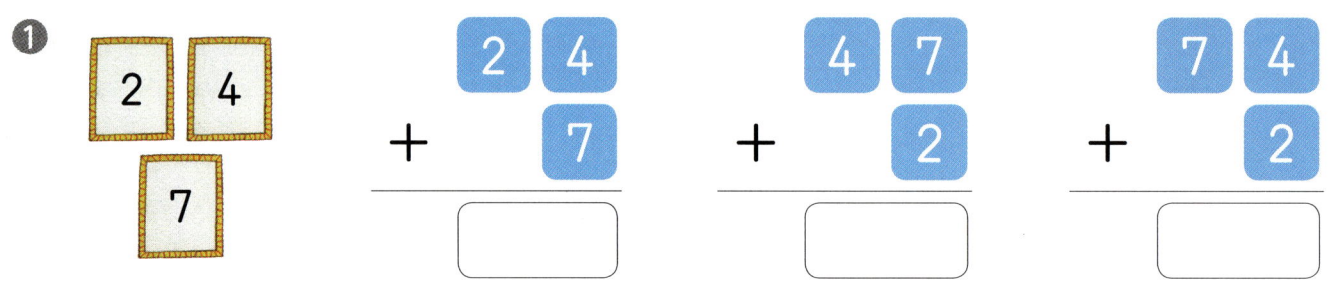

🌳 주어진 숫자 카드를 한 번씩 사용하여 합이 가장 작은 식을 만들고 계산하세요.

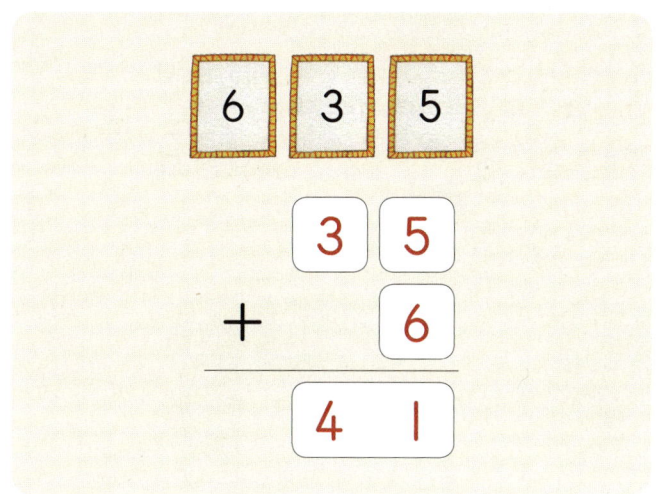

아까와 반대로
가장 작은 숫자를
십의 자리에 쓰면 돼.

```
  3 6
+   5  도 답이 되네.
-----
  4 1
```

①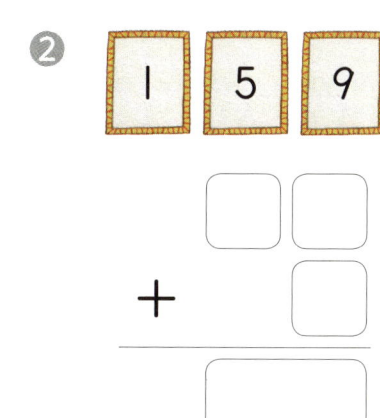

②

③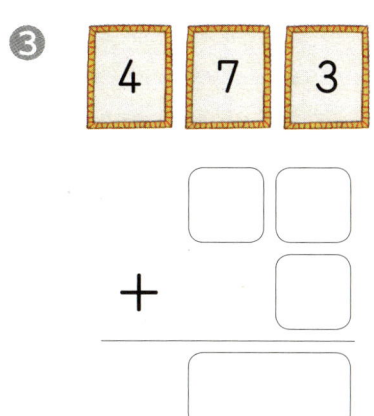

④

354

가장 큰 차, 가장 작은 차

현우는 숫자 카드를 사용하여 여러 가지 뺄셈식을 만들어요.

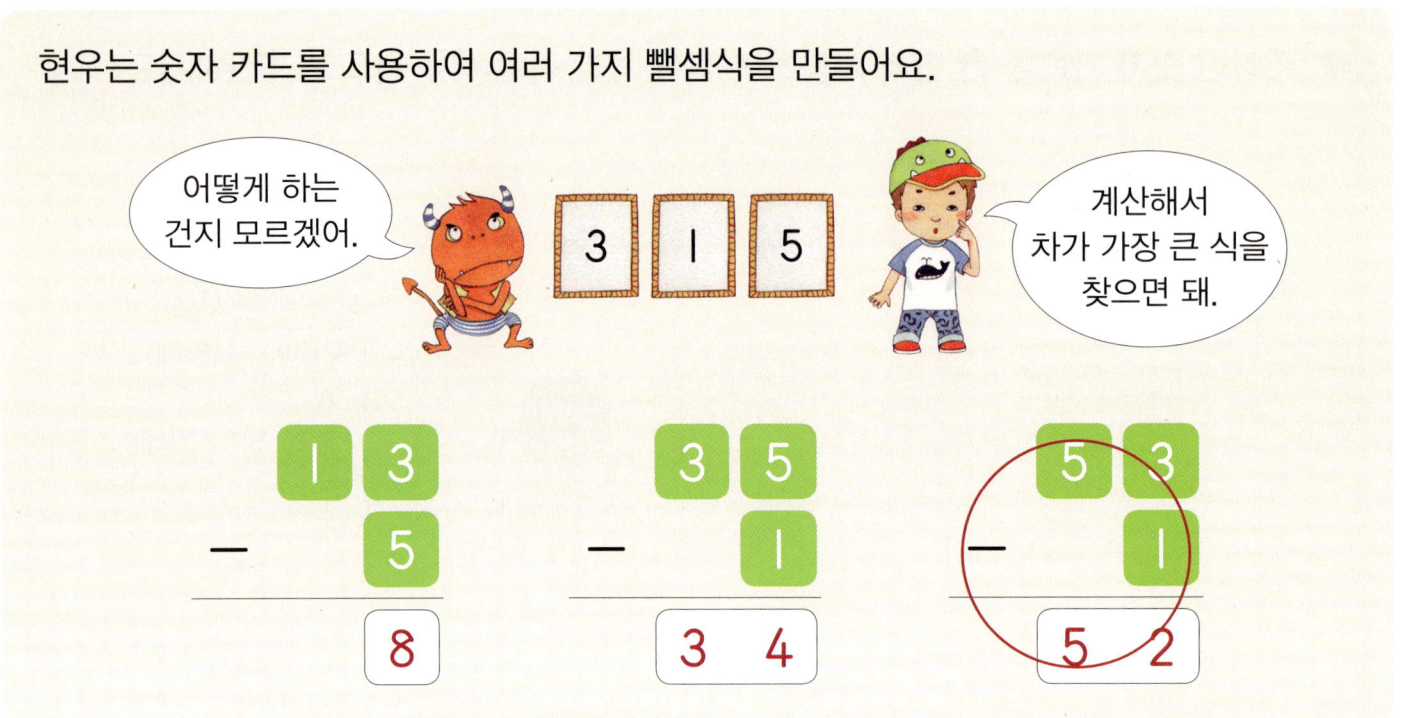

주어진 숫자 카드로 만든 뺄셈식을 계산하고 차가 가장 큰 식에 ◯표 하세요.

❶

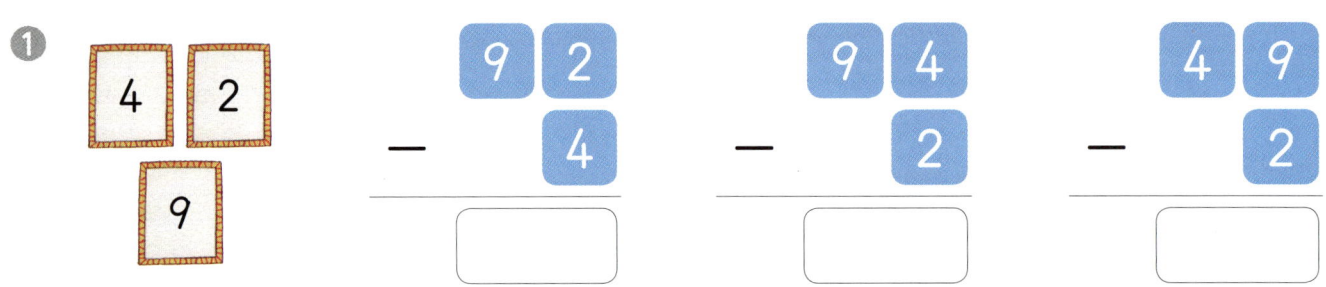

🌲 주어진 숫자 카드를 한 번씩 사용하여 차가 가장 큰 식을 만들고 계산하세요.

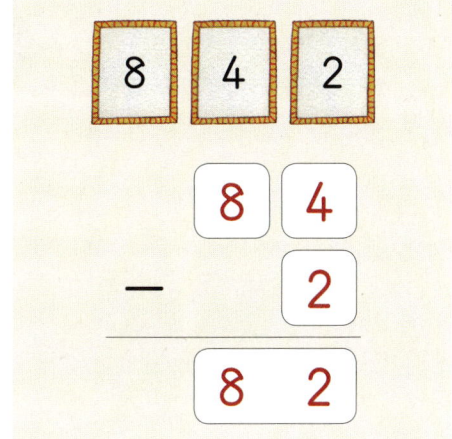

가장 큰
두 자리 수를
만들어 봐.

그럼 84를
만들어서 차를
구해야겠네.

① | 1 | 9 | 5 |

```
    □ □
  -   □
  ─────
  □
```

② | 6 | 8 | 3 |

```
    □ □
  -   □
  ─────
  □
```

③ | 7 | 6 | 4 |

```
    □ □
  -   □
  ─────
  □
```

④ | 2 | 9 | 7 |

```
    □ □
  -   □
  ─────
  □
```

티나가 뺄셈식을 만들고 차가 가장 작은 식을 찾아요.

계산하지 않고도 찾을 수 있을까?

| 1 | 7 | 4 |

가장 작은 두 자리 수에서 가장 큰 한 자리 수를 뺀 식을 찾아봐.

$$\begin{array}{r} 1\ 7 \\ -\quad 4 \\ \hline 1\ 3 \end{array}$$

$$\begin{array}{r} 1\ 4 \\ -\quad 7 \\ \hline 7 \end{array}$$

$$\begin{array}{r} 4\ 7 \\ -\quad 1 \\ \hline 4\ 6 \end{array}$$

🌳 주어진 숫자 카드로 만든 뺄셈식을 계산하고 차가 가장 작은 식에 ◯표 하세요.

①

| 8 | 2 |
| 5 | |

$$\begin{array}{r} 2\ 5 \\ -\quad 8 \\ \hline \end{array}$$

$$\begin{array}{r} 5\ 2 \\ -\quad 8 \\ \hline \end{array}$$

$$\begin{array}{r} 2\ 8 \\ -\quad 5 \\ \hline \end{array}$$

②

| 3 | 6 |
| 9 | |

$$\begin{array}{r} 3\ 6 \\ -\quad 9 \\ \hline \end{array}$$

$$\begin{array}{r} 6\ 3 \\ -\quad 9 \\ \hline \end{array}$$

$$\begin{array}{r} 3\ 9 \\ -\quad 6 \\ \hline \end{array}$$

🌳 **주어진 숫자 카드를 한 번씩 사용하여 차가 가장 작은 식을 만들고 계산하세요.**

가장 작은
두 자리 수를
만들어 봐.

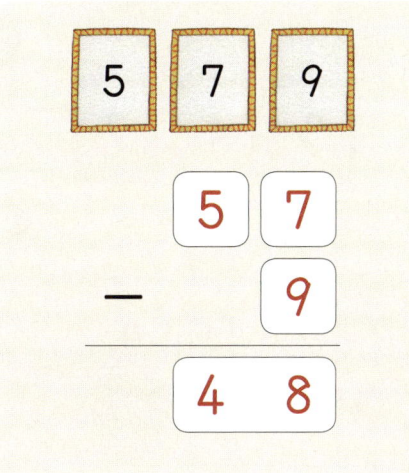

	5	7
−		9
	4	8

그럼 57을
만들어서 차를
구해야겠네.

❶

2 6 5

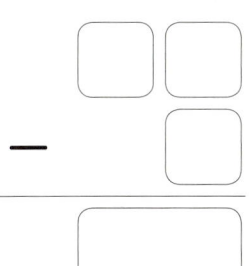

❷

3 8 4

❸

4 9 6

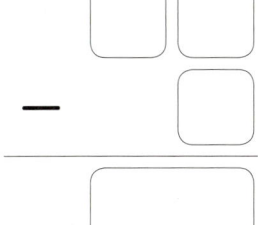

❹

7 3 1

355

목표수

숫자 카드로 만든 덧셈식의 숫자 몇 개를 딴소리 요괴가 지웠어요.

내가 지웠어.
재미있다.

| 3 | 4 | 7 |

다시 완성할
수 있어!

$$
\begin{array}{cc}
 & 4\ \ 3 \\
+ & \ \ \ 7 \\
\hline
 & 5\ \ 0
\end{array}
$$

$$
\begin{array}{cc}
 & 3\ \ 4 \\
+ & \ \ \ 7 \\
\hline
 & 4\ \ 1
\end{array}
$$

$$
\begin{array}{cc}
 & 7\ \ 4 \\
+ & \ \ \ 3 \\
\hline
 & 7\ \ 7
\end{array}
$$

🌱 주어진 숫자 카드를 한 번씩 사용하여 만든 덧셈식의 ☐ 안에 알맞은 수를 쓰세요.

①

| 1 | 6 |
| 5 |

$$
\begin{array}{cc}
 & \square\ \ \square \\
+ & \ \ \ 6 \\
\hline
 & 5\ \ 7
\end{array}
$$

$$
\begin{array}{cc}
 & \square\ \ 1 \\
+ & \ \ \ \square \\
\hline
 & 6\ \ 6
\end{array}
$$

$$
\begin{array}{cc}
 & \square\ \ 5 \\
+ & \ \ \ \square \\
\hline
 & 2\ \ 1
\end{array}
$$

②

| 2 | 8 |
| 3 |

$$
\begin{array}{cc}
 & \square\ \ 3 \\
+ & \ \ \ \square \\
\hline
 & 3\ \ 1
\end{array}
$$

$$
\begin{array}{cc}
 & \square\ \ 2 \\
+ & \ \ \ \square \\
\hline
 & 8\ \ 5
\end{array}
$$

$$
\begin{array}{cc}
 & \square\ \ \square \\
+ & \ \ \ 2 \\
\hline
 & 4\ \ 0
\end{array}
$$

주어진 숫자 카드를 한 번씩 사용하여 덧셈식을 완성하세요.

숫자 카드로 만든 뺄셈식의 숫자 몇 개를 장난 요괴가 지웠어요.

내가 지웠어.
한번 완성해 봐.

| 2 | 3 | 7 |

이번엔 어려워
보이는데…….

$$
\begin{array}{r}
3\ \boxed{7} \\
-\ \ 2 \\
\hline
3\ \ 5
\end{array}
\qquad
\begin{array}{r}
3\ \boxed{2} \\
-\ \ 7 \\
\hline
2\ \ 5
\end{array}
\qquad
\begin{array}{r}
\boxed{7}\ 2 \\
-\ \ 3 \\
\hline
6\ \ 9
\end{array}
$$

🌳 주어진 숫자 카드를 한 번씩 사용하여 만든 뺄셈식의 ☐ 안에 알맞은 수를 쓰세요.

❶

| 4 | 8 |
| 9 | |

$$
\begin{array}{r}
\boxed{\ }\ \boxed{4} \\
-\ \boxed{\ } \\
\hline
8\ \ 6
\end{array}
\qquad
\begin{array}{r}
\boxed{4}\ \boxed{\ } \\
-\ \boxed{\ } \\
\hline
3\ \ 9
\end{array}
\qquad
\begin{array}{r}
\boxed{\ }\ \boxed{9} \\
-\ \boxed{\ } \\
\hline
8\ \ 5
\end{array}
$$

❷

| 1 | 6 |
| 5 | |

$$
\begin{array}{r}
\boxed{\ }\ \boxed{\ } \\
-\ \boxed{6} \\
\hline
4\ \ 5
\end{array}
\qquad
\begin{array}{r}
\boxed{\ }\ \boxed{5} \\
-\ \boxed{\ } \\
\hline
6\ \ 4
\end{array}
\qquad
\begin{array}{r}
\boxed{1}\ \boxed{\ } \\
-\ \boxed{\ } \\
\hline
1\ \ 1
\end{array}
$$

🌳 주어진 숫자 카드를 한 번씩 사용하여 뺄셈식을 완성하세요.

십의 자리에
놓을 3이 없어.

7 4 1

받아내림을
생각해야지.

```
  4 1
-   7
─────
  3 4
```

❶

3 6 5

```
  □ □
-   □
─────
  4 7
```

❷

8 7 2

```
  □ □
-   □
─────
  6 4
```

❸

1 8 9

```
  □ □
-   □
─────
    9
```

❹

4 3 6

```
  □ □
-   □
─────
  5 9
```

무엇을 배웠을까요

▲ 그림을 보고 ☐ 안에 알맞은 수를 쓰세요.

1

$$23 - \boxed{} = 15$$

2

$$\boxed{} - 7 = 13$$

3

$$\boxed{} - 6 = 18$$

▲ 가로나 세로로 한 줄에 놓인 가족수를 찾아 덧셈식과 뺄셈식을 만드세요.

4

63	57	6
9	41	52
71	8	62

$$\boxed{} + \boxed{} = \boxed{}$$

$$\boxed{} - \boxed{} = \boxed{}$$

5

36	5	42
9	16	38
25	31	4

$$\boxed{} + \boxed{} = \boxed{}$$

$$\boxed{} - \boxed{} = \boxed{}$$

🌲 주어진 숫자 카드를 한 번씩 사용하여 합이 가장 큰 식을 만들고 계산하세요.

⑥

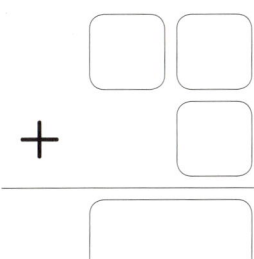

⑦

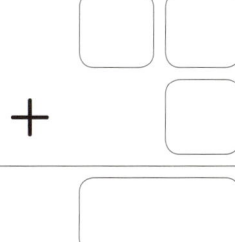

🌲 주어진 숫자 카드를 한 번씩 사용하여 차가 가장 작은 식을 만들고 계산하세요.

⑧

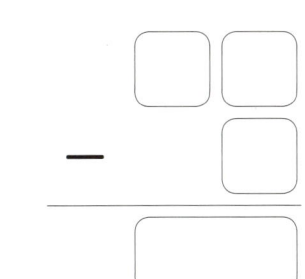

⑨

🌲 주어진 숫자 카드를 한 번씩 사용하여 식을 완성하세요.

⑩

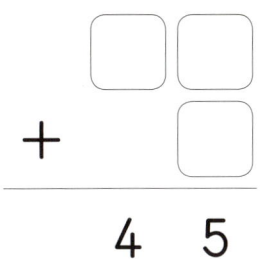

```
  □ □
+   □
─────
  4 5
```

⑪

```
  □ □
-   □
─────
  8 7
```

연산력 게임

QR코드를 찍으면 다양한 연산 게임을 할 수 있어요.

신기한 뺄셈 자판기

자판기에서 어느 버튼을 눌러야 할까요?

물통과 컵에 적힌 수를 보고 자판기에서 알맞은 버튼을 찾아 손가락으로 누르세요.
−7 버튼을 누르면 정답입니다.

두 개의 공에 적힌 수의 차는 얼마일까요?

시작 버튼을 누르고 공이 나오면 오른쪽에서 알맞은 수를 찾아 손가락으로 누르세요.
34를 누르면 정답입니다.

행운의 공 추첨

세 수의 계산

▶ 연산 보충 학습(108쪽)에서 더 풀어 보세요.

학부모 지도 가이드

이번 차시에서는 세 수의 계산 방법을 공부합니다. 그림을 통해 **2**번 계산하는 과정을 이해시키고 앞에서부터 두 수씩 차례대로 계산하도록 하여 세 수의 혼합 계산을 능숙하게 할 수 있도록 지도해 주세요.

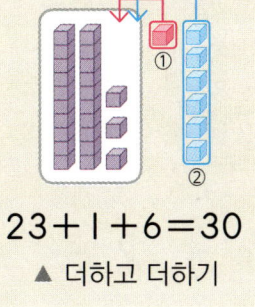

$23+1+6=30$

▲ 더하고 더하기

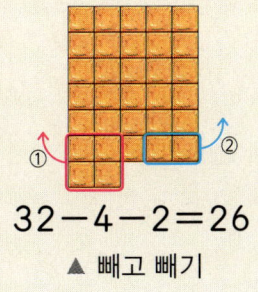

$32-4-2=26$

▲ 빼고 빼기

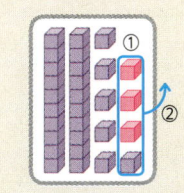

$26+3-4=25$

▲ 더하고 빼기

356

더하고 더하기

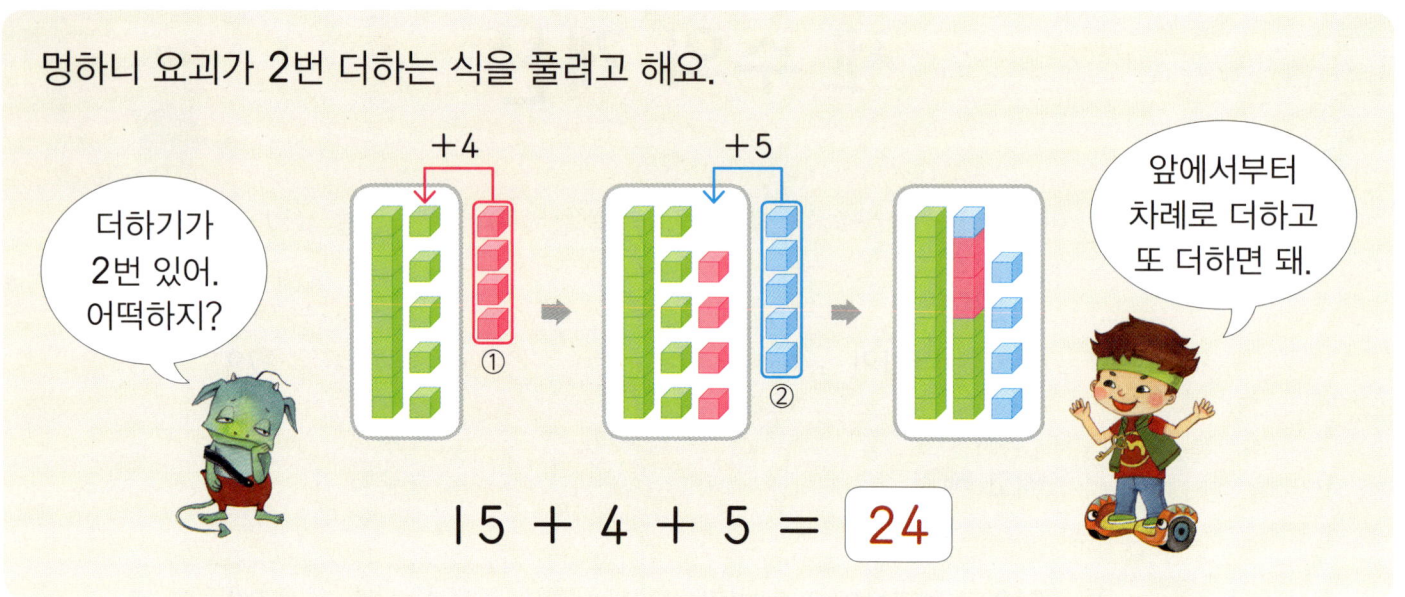

멍하니 요괴가 2번 더하는 식을 풀려고 해요.

더하기가 2번 있어. 어떡하지?

+4   +5

①   ②

앞에서부터 차례로 더하고 또 더하면 돼.

$$15 + 4 + 5 = 24$$

🌳 그림을 보고 ☐ 안에 알맞은 수를 쓰세요.

❶

$$23 + 1 + 6 = \boxed{}$$

❷

$$41 + 6 + 5 = \boxed{}$$

❸

$$37 + 3 + 5 = \boxed{}$$

❹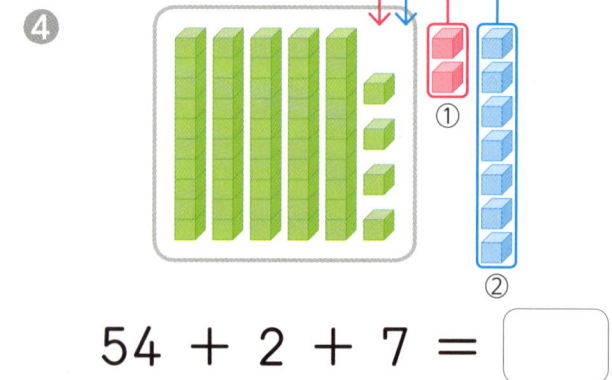

$$54 + 2 + 7 = \boxed{}$$

🌳 ☐ 안에 알맞은 수를 쓰세요.

$$28 \xrightarrow{+6} \boxed{34} \xrightarrow{+7} \boxed{41} \qquad 28 + 6 + 7 = \boxed{41}$$

28에 6을 더한 다음 7을 더해.

① $52 \xrightarrow{+4} \boxed{} \xrightarrow{+3} \boxed{}$ $52 + 4 + 3 = \boxed{}$

② $16 \xrightarrow{+8} \boxed{} \xrightarrow{+1} \boxed{}$ $16 + 8 + 1 = \boxed{}$

③ $27 \xrightarrow{+2} \boxed{} \xrightarrow{+5} \boxed{}$ $27 + 2 + 5 = \boxed{}$

④ $69 \xrightarrow{+9} \boxed{} \xrightarrow{+7} \boxed{}$ $69 + 9 + 7 = \boxed{}$

⑤ $45 \xrightarrow{+6} \boxed{} \xrightarrow{+2} \boxed{}$ $45 + 6 + 2 = \boxed{}$

현우가 접시 저울의 오른쪽에 놓인 추의 무게를 구해요.

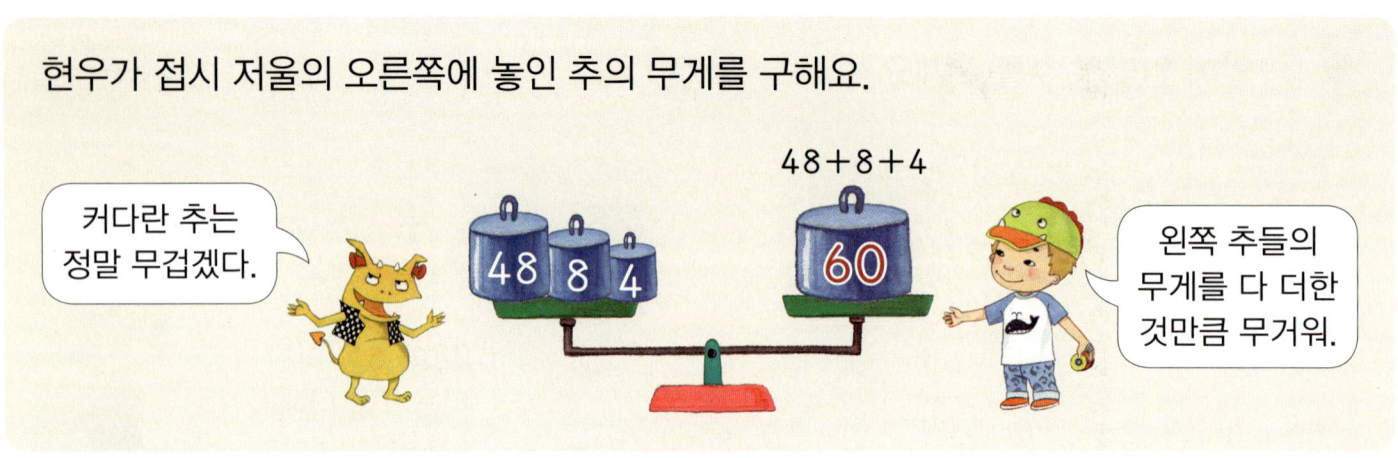

추에 적힌 세 수를 더하여 □ 안에 알맞은 수를 쓰세요.

❶

❷

❸

❹

❺

❻

● 계산을 하세요.

$$35 \xrightarrow{+6} 41 \xrightarrow{+2} 43$$

$$35 + 6 + 2 = \boxed{43}$$

이제 계산할 수 있지?
힘을 내!

❶ 62 + 4 + 4 = ☐   ❷ 58 + 3 + 5 = ☐

❸ 27 + 1 + 6 = ☐   ❹ 79 + 7 + 2 = ☐

❺ 41 + 5 + 9 = ☐   ❻ 90 + 4 + 3 = ☐

❼ 84 + 2 + 7 = ☐   ❽ 36 + 6 + 8 = ☐

❾ 13 + 9 + 4 = ☐   ❿ 65 + 8 + 1 = ☐

빼고 빼기

한입 요괴가 초콜릿을 먹고 또 먹었어요.

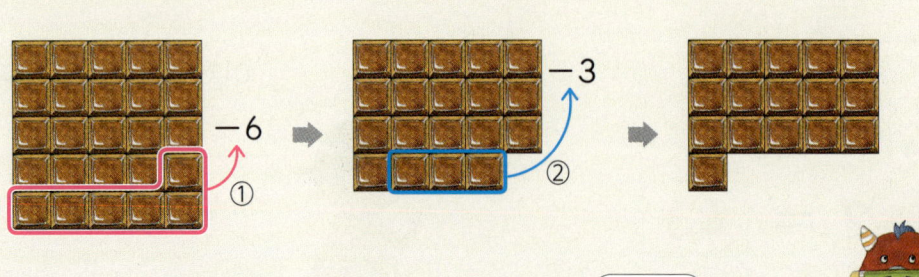

6조각 먹고 또 3조각 먹었어.

$$25 - 6 - 3 = \boxed{16}$$

🌳 그림을 보고 ☐ 안에 알맞은 수를 쓰세요.

❶

$$32 - 4 - 2 = \boxed{}$$

❷

$$29 - 8 - 7 = \boxed{}$$

❸

$$38 - 6 - 1 = \boxed{}$$

❹

$$45 - 5 - 9 = \boxed{}$$

● ☐ 안에 알맞은 수를 쓰세요.

$$57 \xrightarrow{-4} \boxed{53} \xrightarrow{-5} \boxed{48} \qquad 57 - 4 - 5 = \boxed{48}$$

앞에서부터 차례대로 계산해.
57-4=53, 53-5=48이야.

❶ $72 \xrightarrow{-3} \boxed{} \xrightarrow{-8} \boxed{}$ 　　 $72 - 3 - 8 = \boxed{}$

❷ $56 \xrightarrow{-8} \boxed{} \xrightarrow{-9} \boxed{}$ 　　 $56 - 8 - 9 = \boxed{}$

❸ $48 \xrightarrow{-2} \boxed{} \xrightarrow{-1} \boxed{}$ 　　 $48 - 2 - 1 = \boxed{}$

❹ $63 \xrightarrow{-4} \boxed{} \xrightarrow{-6} \boxed{}$ 　　 $63 - 4 - 6 = \boxed{}$

❺ $95 \xrightarrow{-7} \boxed{} \xrightarrow{-7} \boxed{}$ 　　 $95 - 7 - 7 = \boxed{}$

현우는 부채 퍼즐을 완성하려고 해요.

이 부채 퍼즐은 어떻게 풀지?

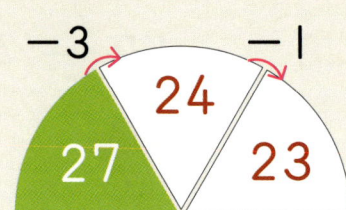

27 − 3 = 24, 24 − 1 = 23을 빈 곳에 차례로 쓰는 거야.

🌳 빈 곳에 알맞은 수를 쓰세요.

❶
−7   −8

64

❷
−2   −4

85

❸
−5   −5

73

❹
−4   −9

46

❺
−1   −6

97

❻
−8   −3

34

🌳 계산을 하세요.

$$67 \xrightarrow{-7} 60 \xrightarrow{-8} 52$$

$$67 - 7 - 8 = \boxed{52}$$

기억해.
앞에서부터 차례로
계산해야 해.

❶ $63 - 5 - 6 = \boxed{}$

❷ $86 - 9 - 3 = \boxed{}$

공부한 날

월

일

❸ $49 - 2 - 4 = \boxed{}$

❹ $20 - 5 - 1 = \boxed{}$

❺ $57 - 8 - 3 = \boxed{}$

❻ $91 - 9 - 7 = \boxed{}$

❼ $35 - 6 - 2 = \boxed{}$

❽ $78 - 4 - 8 = \boxed{}$

❾ $84 - 7 - 4 = \boxed{}$

❿ $42 - 1 - 2 = \boxed{}$

더하고 빼기, 빼고 더하기

태돌이는 수 모형을 이용하여 계산을 해요.

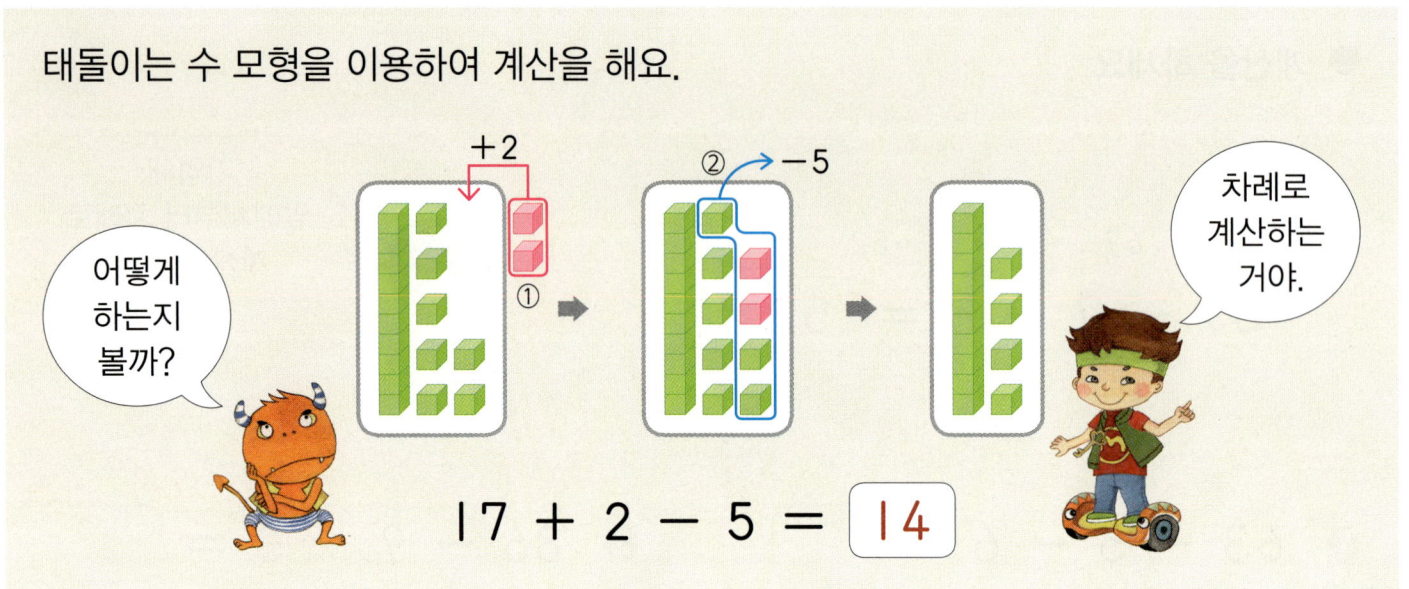

$$17 + 2 - 5 = \boxed{14}$$

🌳 그림을 보고 ☐ 안에 알맞은 수를 쓰세요.

❶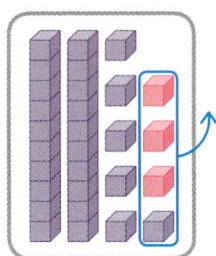

$$26 + 3 - 4 = \boxed{}$$

❷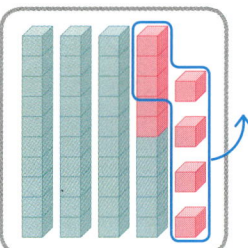

$$35 + 9 - 7 = \boxed{}$$

❸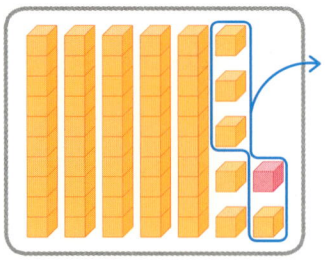

$$56 + 1 - 5 = \boxed{}$$

❹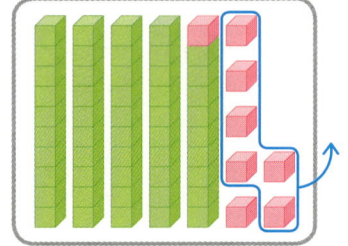

$$49 + 8 - 6 = \boxed{}$$

● ☐ 안에 알맞은 수를 쓰세요.

$$68 \xrightarrow{+4} \boxed{72} \xrightarrow{-1} \boxed{71} \qquad 68 + 4 - 1 = \boxed{71}$$

이제 어떻게 하는지 알아!
더하고 빼고～

① $59 \xrightarrow{+3} \boxed{} \xrightarrow{-8} \boxed{} \qquad 59 + 3 - 8 = \boxed{}$

② $41 \xrightarrow{+6} \boxed{} \xrightarrow{-9} \boxed{} \qquad 41 + 6 - 9 = \boxed{}$

③ $89 \xrightarrow{+5} \boxed{} \xrightarrow{-8} \boxed{} \qquad 89 + 5 - 8 = \boxed{}$

④ $92 \xrightarrow{+1} \boxed{} \xrightarrow{-7} \boxed{} \qquad 92 + 1 - 7 = \boxed{}$

⑤ $76 \xrightarrow{+2} \boxed{} \xrightarrow{-6} \boxed{} \qquad 76 + 2 - 6 = \boxed{}$

큐리는 빼고 더하기를 수 모형으로 해요.

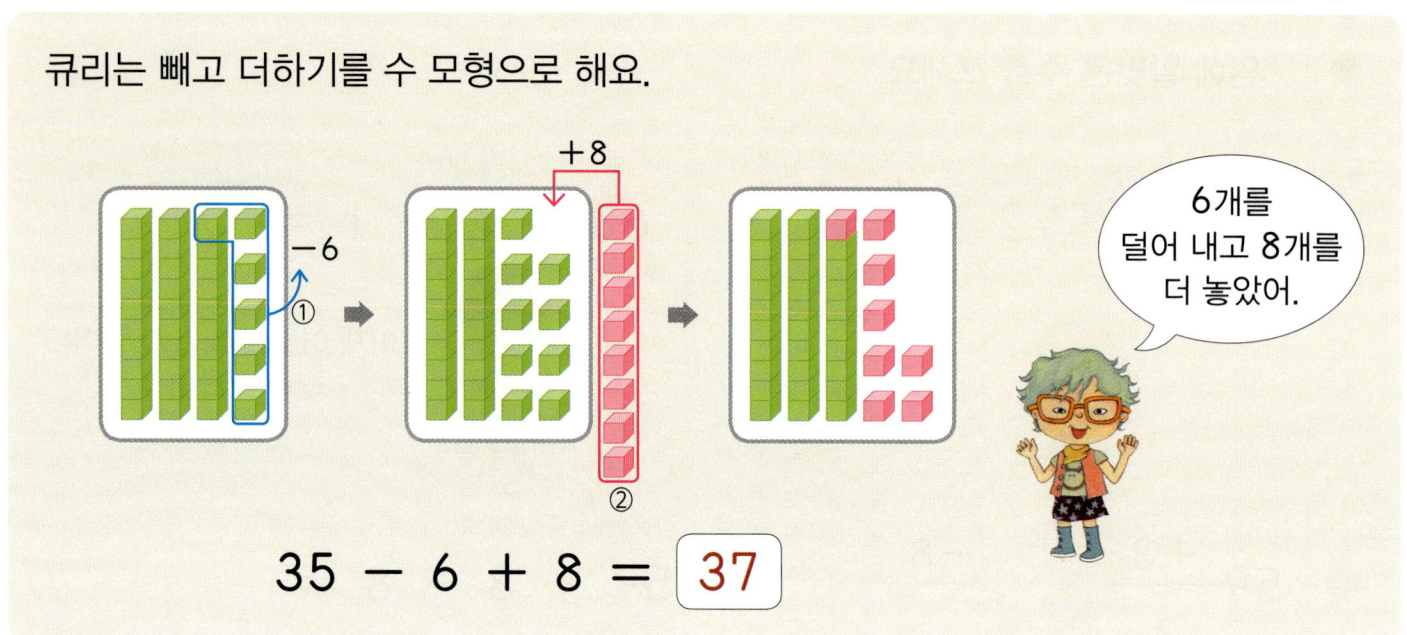

6개를 덜어 내고 8개를 더 놓았어.

$$35 - 6 + 8 = \boxed{37}$$

🌳 ☐ 안에 알맞은 수를 쓰세요.

① $47 \xrightarrow{-9} \boxed{} \xrightarrow{+4} \boxed{}$ $47 - 9 + 4 = \boxed{}$

② $62 \xrightarrow{-5} \boxed{} \xrightarrow{+7} \boxed{}$ $62 - 5 + 7 = \boxed{}$

③ $83 \xrightarrow{-4} \boxed{} \xrightarrow{+5} \boxed{}$ $83 - 4 + 5 = \boxed{}$

④ $90 \xrightarrow{-8} \boxed{} \xrightarrow{+6} \boxed{}$ $90 - 8 + 6 = \boxed{}$

계산을 하세요.

$$73 \xrightarrow{-9} 64 \xrightarrow{+5} 69$$

$$73 - 9 + 5 = \boxed{69}$$

절대 9＋5를 먼저 계산하면 안 돼. 알지?

❶ $28 - 4 + 4 = \boxed{}$

❷ $48 - 1 + 5 = \boxed{}$

❸ $93 - 8 + 3 = \boxed{}$

❹ $54 - 3 + 7 = \boxed{}$

❺ $82 - 6 + 4 = \boxed{}$

❻ $61 - 2 + 5 = \boxed{}$

❼ $39 - 7 + 3 = \boxed{}$

❽ $79 - 4 + 8 = \boxed{}$

❾ $57 - 9 + 6 = \boxed{}$

❿ $45 - 5 + 9 = \boxed{}$

세 수의 계산

현우는 사다리 타기를 하고 있어요.

사다리 타기를 하여 ☐ 안에 알맞은 수를 쓰세요.

❶
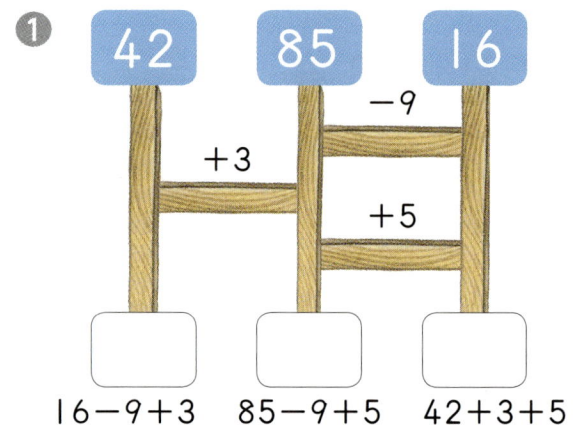

16−9+3 85−9+5 42+3+5

❷
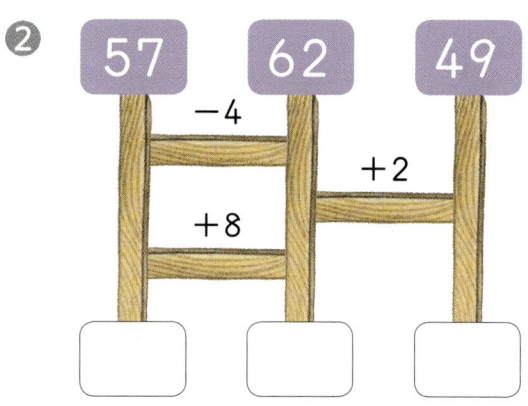

❸
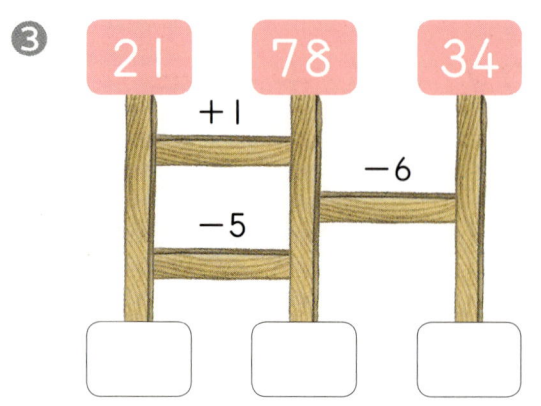

❹
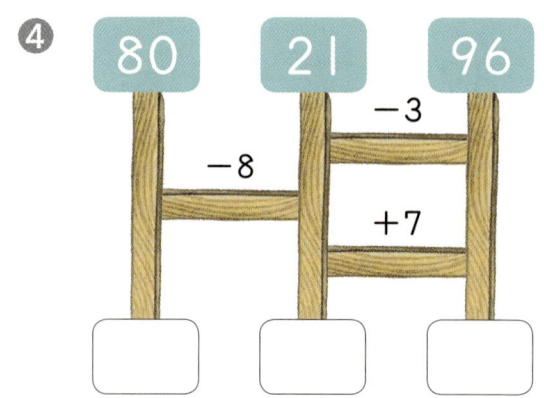

계산 결과를 찾아 선을 그으세요.

큐리가 올바른 식이 되는 길을 따라가요.

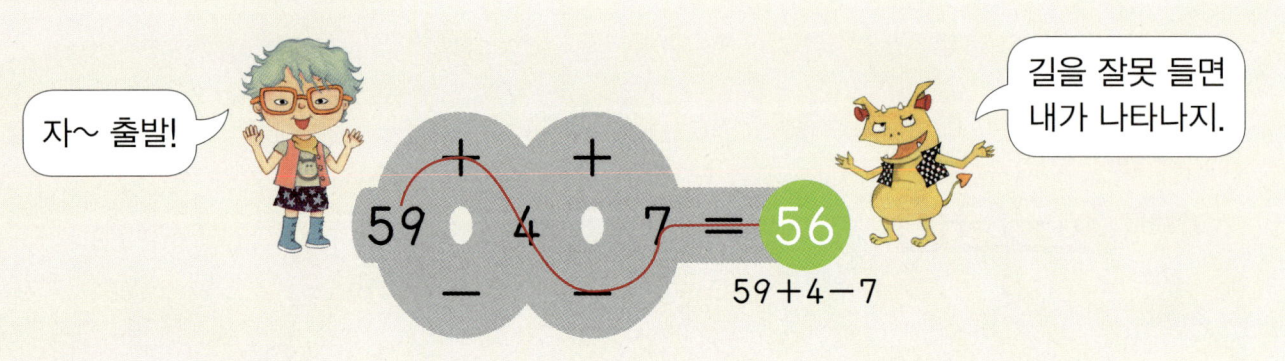

자~ 출발!

길을 잘못 들면 내가 나타나지.

59 + 4 − 7 = 56
59+4−7

🌳 올바른 식이 되도록 선을 그으세요.

❶ 76 + 3 + 5 = 68

❷ 24 + 9 + 1 = 32

❸ 65 + 7 + 8 = 50

❹ 86 + 8 + 2 = 80

❺ 31 + 2 + 6 = 35

❻ 48 + 9 + 4 = 35

구슬 안의 수를 한 번씩 모두 사용하여 식을 완성하세요.

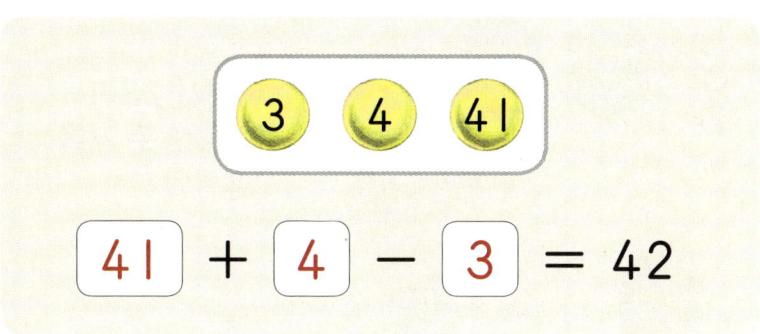

$$41 + 4 - 3 = 42$$

41 + 3 - 4 = 40
41 + 4 - 3 = 42

①

$$\boxed{} + \boxed{} - \boxed{} = 22$$

②

$$\boxed{} + \boxed{} - \boxed{} = 80$$

③

$$\boxed{} + \boxed{} - \boxed{} = 55$$

④

$$\boxed{} + \boxed{} - \boxed{} = 89$$

⑤

$$\boxed{} + \boxed{} - \boxed{} = 68$$

공부한 날

월

일

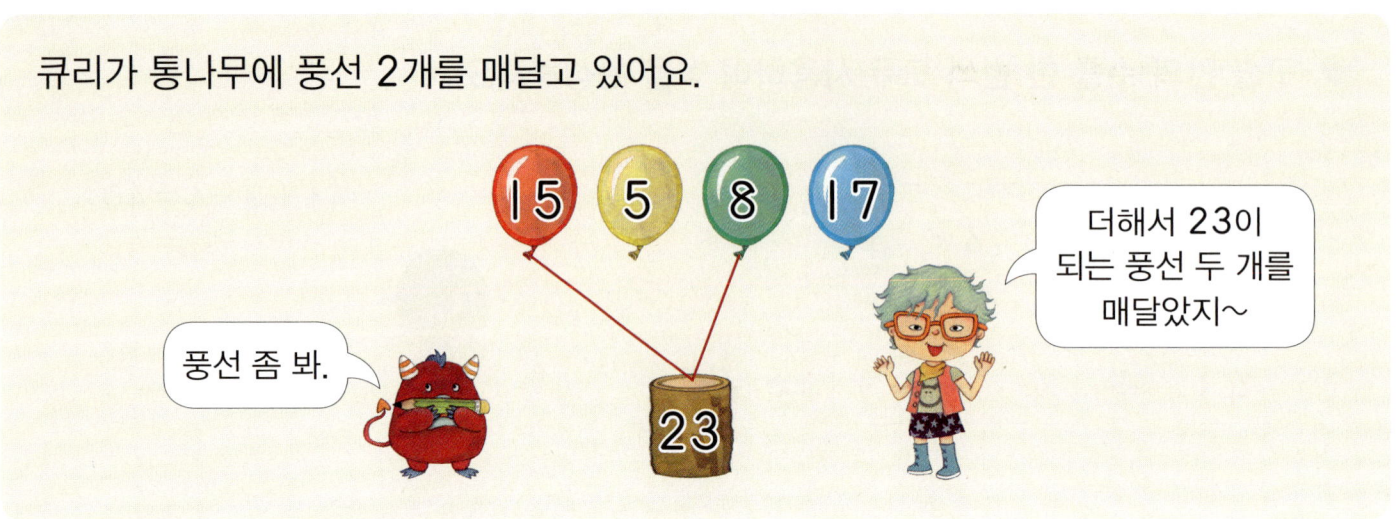

큐리가 통나무에 풍선 2개를 매달고 있어요.

"풍선 좀 봐."

"더해서 23이 되는 풍선 두 개를 매달았지~"

🌳 더해서 통나무 안의 수가 되는 두 수를 선으로 이으세요.

①

②

③

④

빈 곳에 알맞은 수를 쓰세요.

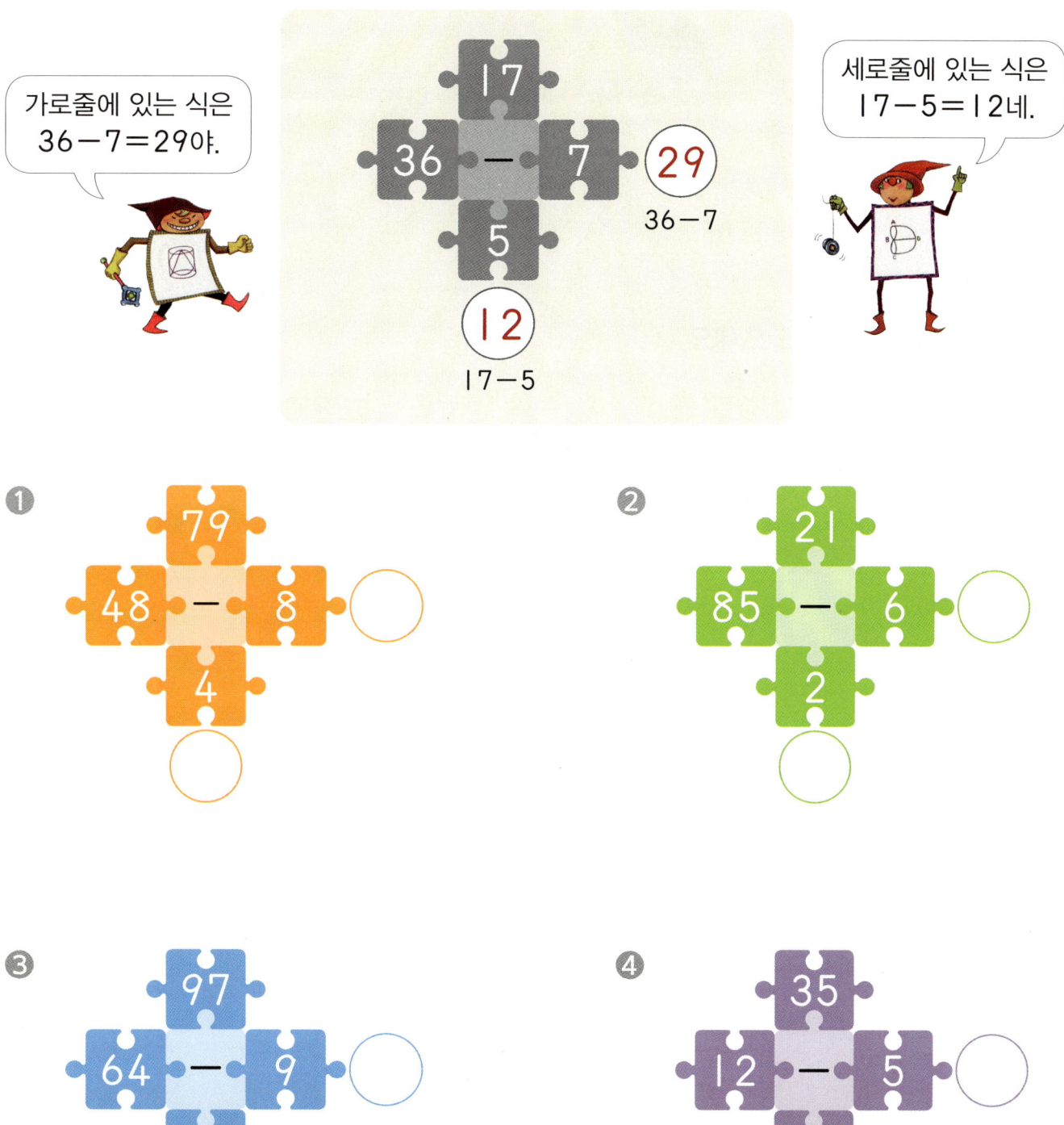

가로줄에 있는 식은
36−7=29야.

세로줄에 있는 식은
17−5=12네.

17

36 − 7 29
36−7

5

12
17−5

① 79
48 − 8 ○
4
○

② 21
85 − 6 ○
2
○

③ 97
64 − 9 ○
7
○

④ 35
12 − 5 ○
3
○

태돌이와 현우가 수 블록 쌓기를 해요.

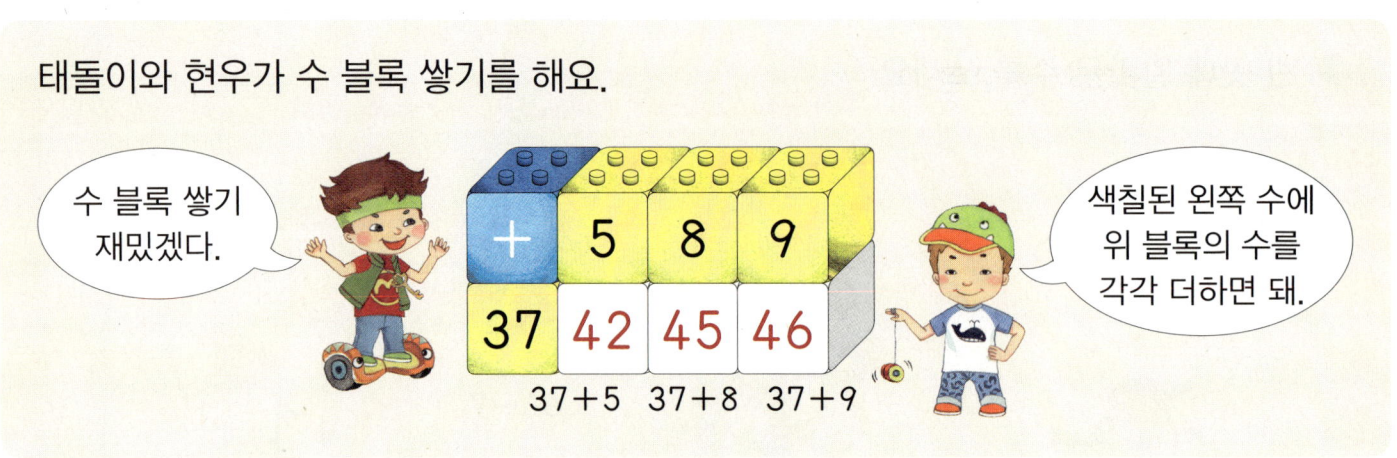

빈 곳에 알맞은 수를 쓰세요.

❶

41+1

❷
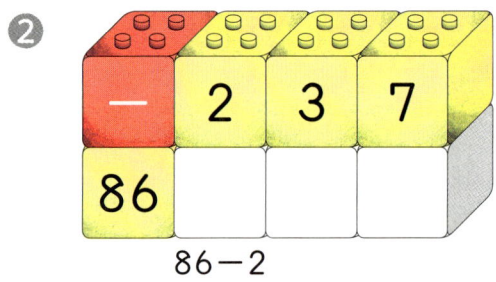

86-2

❸

❹

❺

❻

관계있는 것끼리 선으로 이으세요.

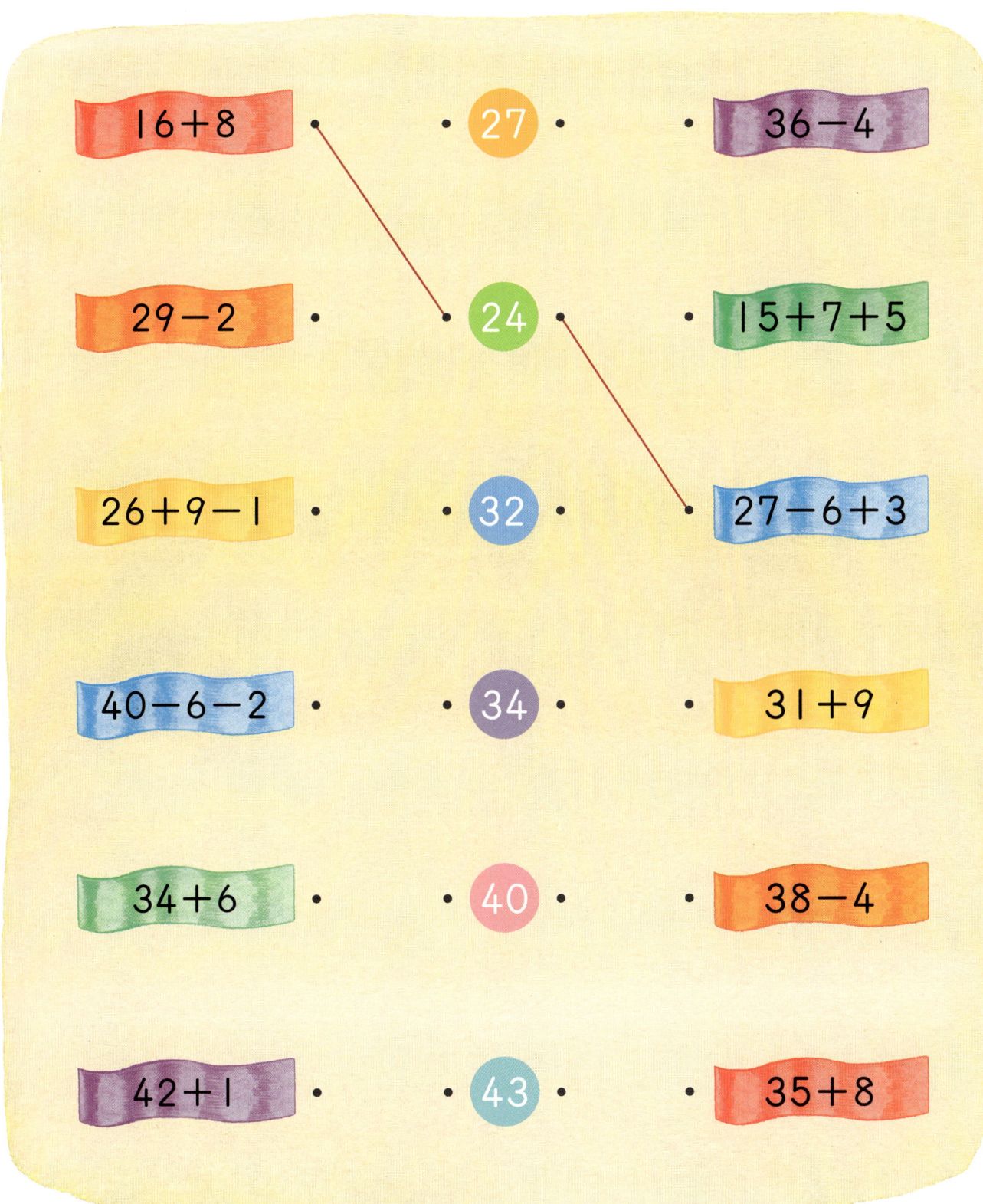

16+8   27   36-4

29-2   24   15+7+5

26+9-1   32   27-6+3

40-6-2   34   31+9

34+6   40   38-4

42+1   43   35+8

무엇을 배웠을까요

▲ 그림을 보고 ☐ 안에 알맞은 수를 쓰세요.

❶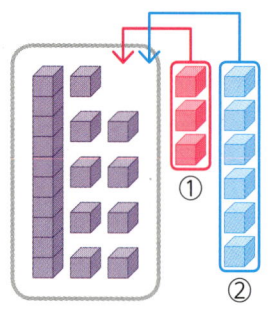

$19 + 3 + 6 =$ ☐

❷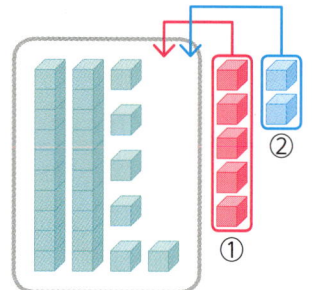

$26 + 5 + 2 =$ ☐

▲ 그림을 보고 ☐ 안에 알맞은 수를 쓰세요.

❸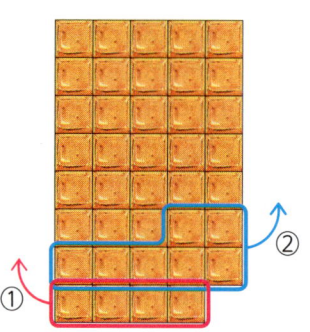

$39 - 4 - 7 =$ ☐

❹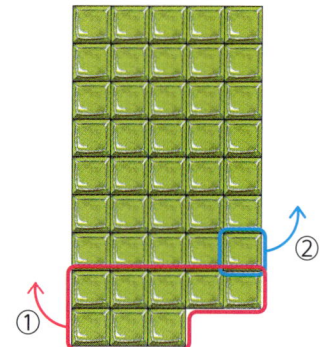

$43 - 8 - 1 =$ ☐

▲ ☐ 안에 알맞은 수를 쓰세요.

❺ $65 \xrightarrow{+4}$ ☐ $\xrightarrow{-9}$ ☐ $65 + 4 - 9 =$ ☐

❻ $81 \xrightarrow{-2}$ ☐ $\xrightarrow{+5}$ ☐ $81 - 2 + 5 =$ ☐

🌲 사다리 타기를 하여 ☐ 안에 알맞은 수를 쓰세요.

⑦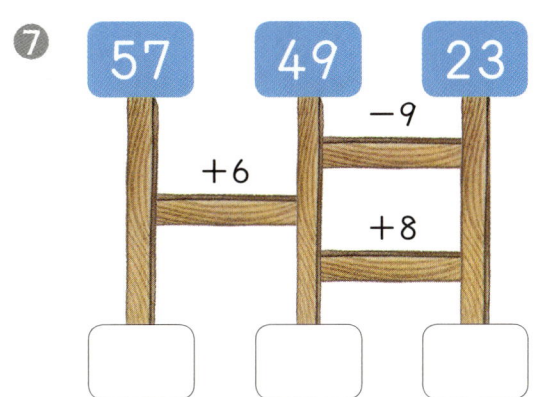

⑧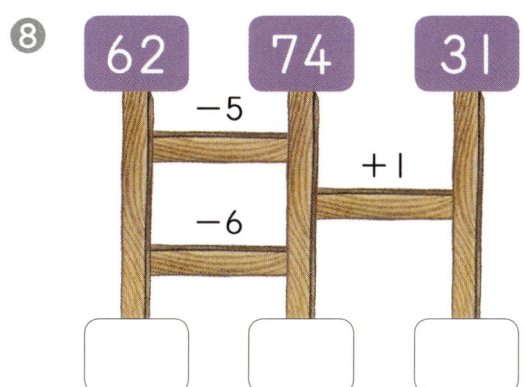

🌲 구슬 안의 수를 한 번씩 모두 사용하여 식을 완성하세요.

⑨ (3) (6) (78)   ☐ + ☐ − ☐ = 75

🌲 빈 곳에 알맞은 수를 쓰세요.

⑩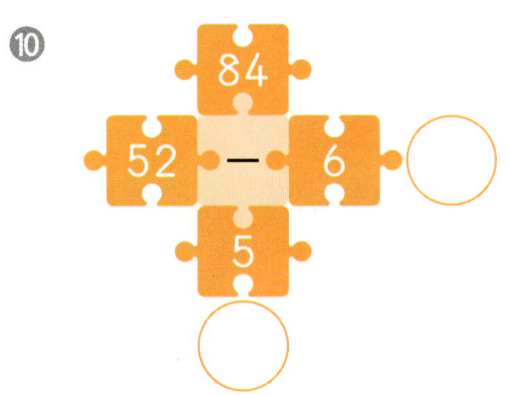

⑪

🌲 빈 곳에 알맞은 수를 쓰세요.

⑫

⑬

공부한 날

월

일

연산력 게임

QR코드를 찍으면 다양한 연산 게임을 할 수 있어요.

고양이의 점심시간

65−4+9

70
71
72

고양이에게 어느 생선을 주어야 할까요?

오른쪽에서 알맞은 수를 찾아 손가락으로 끌어서 그릇에 넣으세요.

70을 넣으면 정답입니다.

전광판에 쓰여 있는 수가 되도록 두더지 3마리를 찾아보세요.

두더지가 쓰고 있는 모자에서 알맞은 수를 찾아 손가락으로 누르세요.

3, 6, 19를 누르면 정답입니다.

두더지를 잡아요

3개 더해서 28

3
6
10
19

연산 보충 학습

덧셈과 뺄셈

관련 쪽수: 6~31쪽

❖ 덧셈을 하세요.

① $16 + 7 = \boxed{}$

② $34 + 5 = \boxed{}$

③ $42 + 9 = \boxed{}$

④ $61 + 8 = \boxed{}$

⑤ $53 + 6 = \boxed{}$

⑥ $26 + 4 = \boxed{}$

⑦ $75 + 8 = \boxed{}$

⑧ $90 + 2 = \boxed{}$

⑨
$$\begin{array}{r} 2\ 9 \\ +\ \ 2 \\ \hline \end{array}$$

⑩
$$\begin{array}{r} 7\ 1 \\ +\ \ 6 \\ \hline \end{array}$$

⑪
$$\begin{array}{r} 5\ 4 \\ +\ \ 9 \\ \hline \end{array}$$

⑫
$$\begin{array}{r} 3\ 8 \\ +\ \ 4 \\ \hline \end{array}$$

⑬
$$\begin{array}{r} 6\ 7 \\ +\ \ 3 \\ \hline \end{array}$$

⑭
$$\begin{array}{r} 9\ 2 \\ +\ \ 5 \\ \hline \end{array}$$

❖ 뺄셈을 하세요.

⑮ 28 − 6 = ☐

⑯ 57 − 4 = ☐

⑰ 81 − 2 = ☐

⑱ 49 − 3 = ☐

⑲ 35 − 9 = ☐

⑳ 78 − 5 = ☐

㉑ 64 − 6 = ☐

㉒ 93 − 7 = ☐

㉓
```
    5 8
−     2
───────
   ☐
```

㉔
```
    3 9
−     9
───────
   ☐
```

㉕
```
    6 3
−     8
───────
   ☐
```

㉖
```
    8 6
−     7
───────
   ☐
```

㉗
```
    4 7
−     2
───────
   ☐
```

㉘
```
    7 1
−     4
───────
   ☐
```

❖ 덧셈식을 보고 뺄셈식 2개를 만드세요.

❶ $36 + 7 = 43$

$\boxed{} - \boxed{} = \boxed{}$

$\boxed{} - \boxed{} = \boxed{}$

❷ $58 + 4 = 62$

$\boxed{} - \boxed{} = \boxed{}$

$\boxed{} - \boxed{} = \boxed{}$

❸ $74 + 5 = 79$

$\boxed{} - \boxed{} = \boxed{}$

$\boxed{} - \boxed{} = \boxed{}$

❖ 뺄셈식을 보고 덧셈식 2개를 만드세요.

❹ $61 - 8 = 53$

$\boxed{} + \boxed{} = \boxed{}$

$\boxed{} + \boxed{} = \boxed{}$

❺ $49 - 3 = 46$

$\boxed{} + \boxed{} = \boxed{}$

$\boxed{} + \boxed{} = \boxed{}$

❻ $82 - 2 = 80$

$\boxed{} + \boxed{} = \boxed{}$

$\boxed{} + \boxed{} = \boxed{}$

❖ 주어진 수 중 세 수를 사용하여 덧셈식과 뺄셈식을 만드세요.

⑦

$\boxed{} + \boxed{} = \boxed{23}$

$\boxed{} - \boxed{} = \boxed{15}$

⑧

$\boxed{} + \boxed{} = \boxed{59}$

$\boxed{} - \boxed{} = \boxed{53}$

⑨

$\boxed{} + \boxed{} = \boxed{45}$

$\boxed{} - \boxed{} = \boxed{38}$

⑩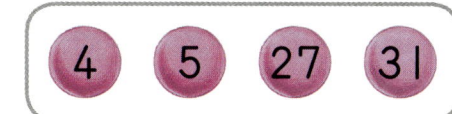

$\boxed{} + \boxed{} = \boxed{31}$

$\boxed{} - \boxed{} = \boxed{27}$

❖ ☐ 안에 알맞은 수를 쓰세요.

⑪ $\boxed{} + 5 = 64$

⑫ $3 + \boxed{} = 26$

⑬ $\boxed{} + 7 = 39$

⑭ $4 + \boxed{} = 83$

⑮ $\boxed{} + 2 = 76$

⑯ $6 + \boxed{} = 51$

덧셈과 뺄셈의 문제 해결

관련 쪽수: 54~75쪽

❖ ☐ 안에 알맞은 수를 쓰세요.

① $16 - \boxed{} = 13$

② $\boxed{} - 4 = 21$

③ $45 - \boxed{} = 39$

④ $\boxed{} - 6 = 34$

⑤ $58 - \boxed{} = 50$

⑥ $\boxed{} - 5 = 67$

❖ 가로나 세로로 한 줄에 놓인 가족수를 찾아 덧셈식과 뺄셈식을 만드세요.

⑦

20	10	36
7	48	55
30	51	9

$\boxed{} + \boxed{} = \boxed{}$

$\boxed{} - \boxed{} = \boxed{}$

⑧

82	75	6
9	8	16
73	81	5

$\boxed{} + \boxed{} = \boxed{}$

$\boxed{} - \boxed{} = \boxed{}$

❖ 주어진 숫자 카드를 한 번씩 사용하여 합이 가장 작은 식을 만들고 계산하세요.

⑨

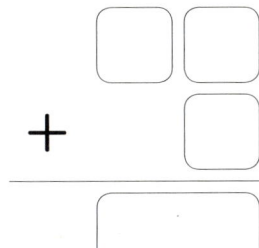

⑩

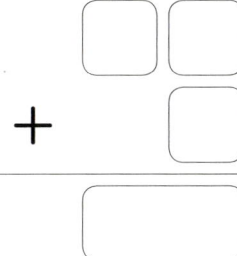

❖ 주어진 숫자 카드를 한 번씩 사용하여 차가 가장 큰 식을 만들고 계산하세요.

⑪

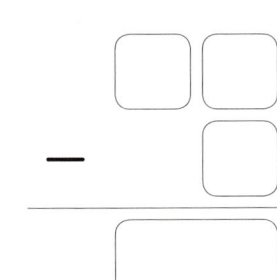

⑫

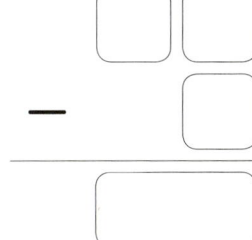

❖ 주어진 숫자 카드를 한 번씩 사용하여 식을 완성하세요.

⑬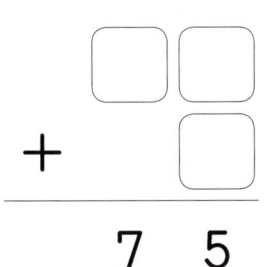

7 5

⑭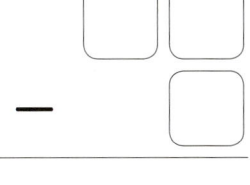

3 6

세 수의 계산

관련 쪽수: 78~99쪽

❖ 계산을 하세요.

❶ $37 + 4 + 5 =$ ☐

❷ $62 - 3 - 9 =$ ☐

❸ $46 - 5 + 3 =$ ☐

❹ $51 + 4 - 7 =$ ☐

❺ $67 + 5 + 8 =$ ☐

❻ $78 + 6 - 9 =$ ☐

❼ $54 - 7 + 2 =$ ☐

❽ $43 - 8 - 2 =$ ☐

❾ $82 + 8 - 4 =$ ☐

❿ $34 - 2 + 6 =$ ☐

⓫ $73 - 6 - 5 =$ ☐

⓬ $56 + 7 + 1 =$ ☐

⓭ $45 + 6 - 3 =$ ☐

⓮ $91 - 3 + 8 =$ ☐

연산력 수학 노크 정답

341 (두 자리 수)+(한 자리 수)

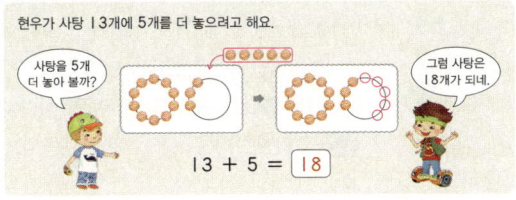

현우가 사탕 13개에 5개를 더 놓으려고 해요.

사탕을 5개 더 놓아 볼까?

그럼 사탕은 18개가 되네.

$13 + 5 = 18$

더하는 수만큼 ○를 그리고 □ 안에 알맞은 수를 쓰세요.

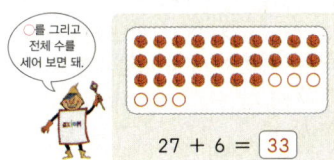

○를 그리고 전체 수를 세어 보면 돼.

10개 묶음을 먼저 만들면 세기가 편해.

$27 + 6 = 33$

그림을 보고 계산을 하세요.

❶

$25 + 4 = 29$

❷

$19 + 6 = 25$

❸

$37 + 3 = 40$

❹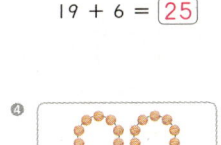

$24 + 7 = 31$

❶

$12 + 3 = 15$

❷

$18 + 7 = 25$

❸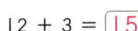

$24 + 9 = 33$

❹

$33 + 4 = 37$

6 연산 C6

덧셈과 뺄셈 7

티나와 현우가 숫자 구슬을 사용하여 덧셈식을 만들어요.

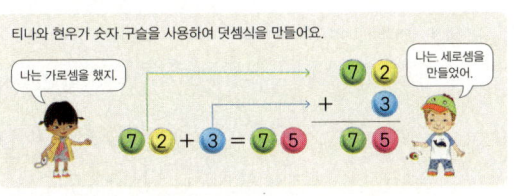

나는 가로셈을 했지.

나는 세로셈을 만들었어.

$72 + 3 = 75$

덧셈을 하세요.

이제 안 어렵지? 빨리 풀고 자자.

받아올림이 있는지 없는지를 잘 살펴보아야 해.

```
  2 7
+   5
────
  3 2
```

가로셈을 세로셈으로 나타내어 계산하세요.

❶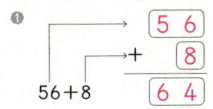

```
  5 6
+   8
────
  6 4
```
56+8

❷
```
  4 3
+   5
────
  4 8
```
43+5

❸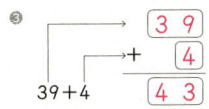
```
  3 9
+   4
────
  4 3
```
39+4

❹
```
  8 7
+   6
────
  9 3
```
87+6

❺
```
  9 6
+   1
────
  9 7
```
96+1

❻
```
  6 5
+   7
────
  7 2
```
65+7

❶
```
  5 3
+   4
────
  5 7
```
❷
```
  1 4
+   5
────
  1 9
```
❸
```
  7 8
+   6
────
  8 4
```

❹
```
  3 5
+   2
────
  3 7
```
❺
```
  8 9
+   3
────
  9 2
```
❻
```
  4 7
+   9
────
  5 6
```

❼
```
  6 6
+   7
────
  7 3
```
❽
```
  2 1
+   5
────
  2 6
```
❾
```
  5 5
+   8
────
  6 3
```

공부한 날 월 일

8 연산 C6

덧셈과 뺄셈 9

정답 1

10 · 11

342 십, 몇십 만들어 더하기

현우가 수 모형을 이용하여 덧셈을 해요.

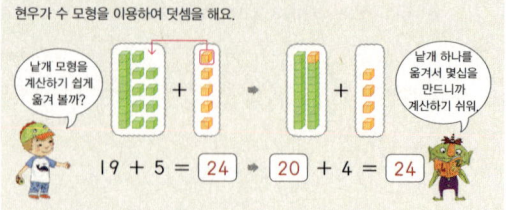

$$19 + 5 = \boxed{24} \Rightarrow \boxed{20} + 4 = \boxed{24}$$

🌱 그림을 보고 □안에 알맞은 수를 쓰세요.

❶

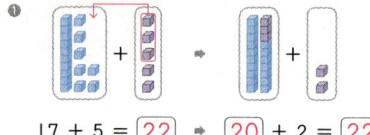

$$17 + 5 = \boxed{22} \Rightarrow \boxed{20} + 2 = \boxed{22}$$

❷

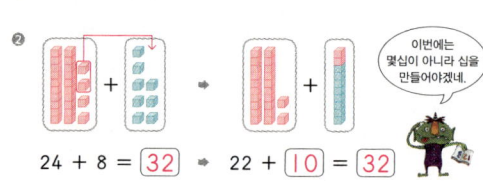

이번에는 몇십이 아니라 십을 만들어야겠네.

$$24 + 8 = \boxed{32} \Rightarrow 22 + \boxed{10} = \boxed{32}$$

🌱 같은 수를 더하고 빼서 십, 몇십을 만들어 계산하세요.

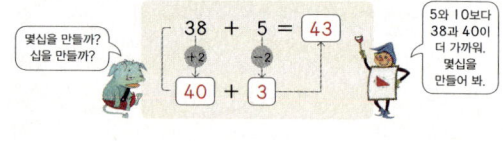

몇십을 만들까? 십을 만들까?

$$38 + 5 = \boxed{43}$$

5와 10보다 38과 40이 더 가까워. 몇십을 만들어 봐.

$$\boxed{40} + \boxed{3}$$

❶
$$29 + 6 = \boxed{35}$$
$$\boxed{30} + \boxed{5}$$

❷
$$52 + 9 = \boxed{61}$$
$$\boxed{51} + \boxed{10}$$

❸
$$48 + 3 = \boxed{51}$$
$$\boxed{50} + \boxed{1}$$

❹
$$73 + 8 = \boxed{81}$$
$$\boxed{71} + \boxed{10}$$

❺
$$89 + 5 = \boxed{94}$$
$$\boxed{90} + \boxed{4}$$

❻
$$36 + 9 = \boxed{45}$$
$$\boxed{35} + \boxed{10}$$

12 · 13

큐리와 태돌이가 같은 수를 더하고 빼면서 덧셈을 해요.

8에 2를 더해 10을 만들었어.

$$23 + 8 = \boxed{21} + 10$$
$$= \boxed{31}$$

그럼 23에서 2를 빼겠군.

🌱 십, 몇십을 만들어 덧셈을 해요. □안에 알맞은 수를 쓰세요.

❶ $36 + 8 = \boxed{34} + 10$
  $= \boxed{44}$

❷ $89 + 7 = 90 + \boxed{6}$
  $= \boxed{96}$

❸ $65 + 9 = \boxed{64} + 10$
  $= \boxed{74}$

❹ $79 + 5 = 80 + \boxed{4}$
  $= \boxed{84}$

❺ $25 + 6 = \boxed{21} + 10$
  $= \boxed{31}$

❻ $58 + 3 = 60 + \boxed{1}$
  $= \boxed{61}$

🌱 관계있는 것끼리 선으로 이으세요.

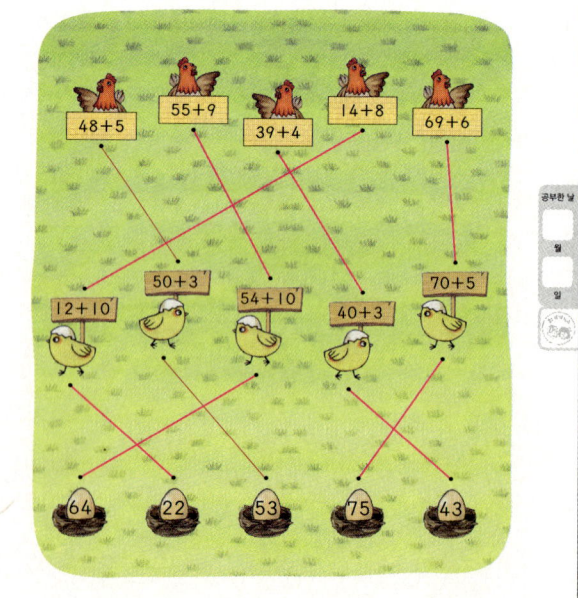

공부한 날
월
일

343 (두 자리 수)−(한 자리 수)

다람쥐가 소풍 가방에 도토리를 넣고 있어요.

$$25 - 4 = \boxed{21}$$

도토리 4개만 가져갈게.

맛도 없는 도토리를 왜 좋아하니? 근데 몇 개 남은 거야?

🌰 그림을 보고 □ 안에 알맞은 수를 쓰세요.

❶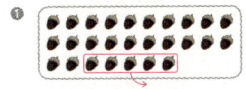

$$27 - 5 = \boxed{22}$$

❷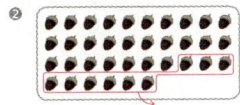

$$36 - 9 = \boxed{27}$$

❸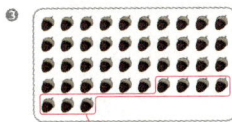

$$43 - 7 = \boxed{36}$$

🌰 빼는 수만큼 /로 동전을 지우고 □ 안에 알맞은 수를 쓰세요.

5원이나 없어졌어. 사탕 사 먹을 돈을 언제 다 모으지?

$$46 - 5 = \boxed{41}$$

❶
$$38 - 7 = \boxed{31}$$

❷
$$21 - 8 = \boxed{13}$$

❸
$$68 - 6 = \boxed{62}$$

❹
$$79 - 3 = \boxed{76}$$

❺
$$42 - 5 = \boxed{37}$$

❻
$$34 - 9 = \boxed{25}$$

티나와 큐리가 각자 세로셈으로 계산을 해요.

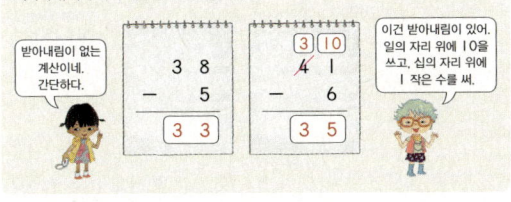

받아내림이 없는 계산이네. 간단하다.

이건 받아내림이 있어. 일의 자리 위에 10을 쓰고, 십의 자리 위에 I 작은 수를 써.

$$\begin{array}{r} 3\ 8 \\ -\ \ \ 5 \\ \hline 3\ 3 \end{array}$$

$$\begin{array}{r} \overset{3}{\cancel{4}}\ \overset{10}{1} \\ -\ \ \ 6 \\ \hline 3\ 5 \end{array}$$

🌰 □ 안에 알맞은 수를 쓰세요.

❶
$$\begin{array}{r} 5\ 9 \\ -\ \ \ 8 \\ \hline \boxed{5}\ \boxed{1} \end{array}$$

❷
$$\begin{array}{r} \overset{2}{\cancel{3}}\ \overset{10}{6} \\ -\ \ \ 7 \\ \hline \boxed{2}\ \boxed{9} \end{array}$$

❸
$$\begin{array}{r} \overset{5}{\cancel{6}}\ \overset{10}{1} \\ -\ \ \ 4 \\ \hline \boxed{5}\ \boxed{7} \end{array}$$

❹
$$\begin{array}{r} 4\ 5 \\ -\ \ \ 2 \\ \hline \boxed{4}\ \boxed{3} \end{array}$$

❺
$$\begin{array}{r} \overset{6}{\cancel{7}}\ \overset{10}{4} \\ -\ \ \ 6 \\ \hline \boxed{6}\ \boxed{8} \end{array}$$

❻
$$\begin{array}{r} \overset{8}{\cancel{9}}\ \overset{10}{2} \\ -\ \ \ 5 \\ \hline \boxed{8}\ \boxed{7} \end{array}$$

🌰 올바른 계산 결과에 ○표 하세요.

$$\begin{array}{r} 3\ 8 \\ -\ \ \ 3 \\ \hline 3\ 5 \end{array}$$

그럼 파란색 풍선에 ○표!

33 ㉖ 35

$$\begin{array}{r} 3\ 8 \\ -\ \ \ 3 \\ \hline 3\ 5 \end{array}$$

❶
43 ㊹ 42
$$\begin{array}{r} 4\ 7 \\ -\ \ \ 3 \\ \hline \end{array}$$

❷
㊏ 25 13
$$\begin{array}{r} 2\ 4 \\ -\ \ \ 9 \\ \hline \end{array}$$

❸
84 77 ㊅
$$\begin{array}{r} 8\ 3 \\ -\ \ \ 6 \\ \hline \end{array}$$

❹
 ㊐ 89 18
$$\begin{array}{r} 9\ 8 \\ -\ \ \ 8 \\ \hline \end{array}$$

❺
 51 54 ㊙
$$\begin{array}{r} 5\ 5 \\ -\ \ \ 6 \\ \hline \end{array}$$

❻
 ㊐ 68 63
$$\begin{array}{r} 6\ 2 \\ -\ \ \ 5 \\ \hline \end{array}$$

344 십, 몇십 만들어 빼기

태돌이가 수 모형을 이용하여 계산을 해요.

10을 만들기 위해 9에 1을 더했어. 1씩 더해도 계산 결과는 같아.

$24 - 9 = \boxed{15} \Rightarrow 25 - \boxed{10} = \boxed{15}$

🌱 그림을 보고 ☐ 안에 알맞은 수를 쓰세요.

❶

$33 - 8 = \boxed{25} \Rightarrow 35 - \boxed{10} = \boxed{25}$

❷

이번에는 십이 아니라 몇십을 만들어야겠네.

$21 - 3 = \boxed{18} \Rightarrow \boxed{20} - 2 = \boxed{18}$

18 연산 C6

🌱 같은 수를 더하거나 빼서 십, 몇십을 만들어 계산하세요.

$72 - 6 = \boxed{66}$
$-2 \qquad -2$
$\boxed{70} - \boxed{4}$

빼어지는 수와 빼는 수에 똑같이 2를 빼.

❶ $41 - 7 = \boxed{34}$
$-1 \qquad -1$
$\boxed{40} - \boxed{6}$

❷ $56 - 9 = \boxed{47}$
$+1 \qquad +1$
$\boxed{57} - \boxed{10}$

❸ $72 - 5 = \boxed{67}$
$-2 \qquad -2$
$\boxed{70} - \boxed{3}$

❹ $65 - 8 = \boxed{57}$
$+2 \qquad +2$
$\boxed{67} - \boxed{10}$

❺ $91 - 3 = \boxed{88}$
$-1 \qquad -1$
$\boxed{90} - \boxed{2}$

❻ $83 - 9 = \boxed{74}$
$+1 \qquad +1$
$\boxed{84} - \boxed{10}$

덧셈과 뺄셈 19

장난 요괴가 울보 요괴의 집 창문에 색칠을 해요.

32와 9의 차는 1씩 더한 33과 10의 차와 같지.

32-9

| 33 | 8 |
| 30 | 10 |

창문을 2개나 색칠해서 밖이 안 보여. 엉엉~

🌱 지붕에 써 있는 식의 계산 결과와 차가 같은 두 수를 찾아 색칠하세요.

20 연산 C6

🌱 십, 몇십을 만들어 뺄셈을 해요. ☐ 안에 알맞은 수를 쓰세요.

$-2 \qquad -2$
$62 - 5 = 60 - \boxed{3}$
$= \boxed{57}$

62와 5에서 똑같이 2를 빼서 계산하면 돼.

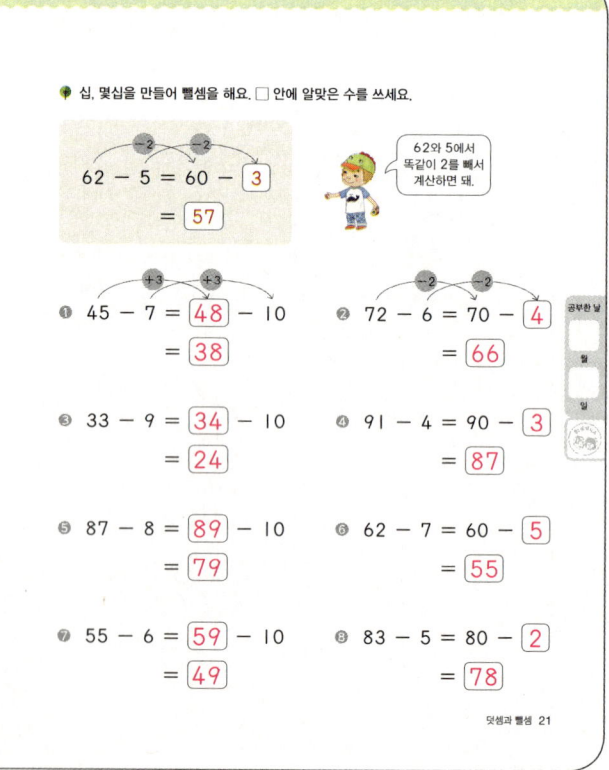

❶ $45 - 7 = \boxed{48} - 10$
$= \boxed{38}$
$+3 \quad +3$

❷ $72 - 6 = 70 - \boxed{4}$
$= \boxed{66}$
$-2 \quad -2$

❸ $33 - 9 = \boxed{34} - 10$
$= \boxed{24}$

❹ $91 - 4 = 90 - \boxed{3}$
$= \boxed{87}$

❺ $87 - 8 = \boxed{89} - 10$
$= \boxed{79}$

❻ $62 - 7 = 60 - \boxed{5}$
$= \boxed{55}$

❼ $55 - 6 = \boxed{59} - 10$
$= \boxed{49}$

❽ $83 - 5 = 80 - \boxed{2}$
$= \boxed{78}$

공부한 날
월
일

덧셈과 뺄셈 21

345 덧셈과 뺄셈의 머릿셈

티나는 덧셈하는 방법을 배우고 있어요.

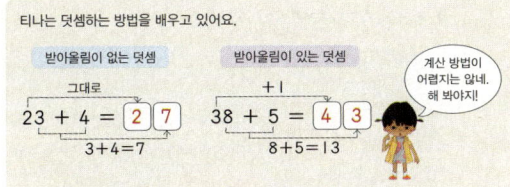

| 받아올림이 없는 덧셈 | 받아올림이 있는 덧셈 |

그대로
$23 + 4 = \boxed{2}\,\boxed{7}$
3+4=7

+1
$38 + 5 = \boxed{4}\,\boxed{3}$
8+5=13

계산 방법이 어렵지는 않네. 해 봐야지!

🌱 □안에 알맞은 수를 쓰세요.

| 받아올림이 없는 덧셈 | 받아올림이 있는 덧셈 |

그대로
❶ $53 + 2 = \boxed{5}\,\boxed{5}$
3+2=5

+1
❷ $76 + 8 = \boxed{8}\,\boxed{4}$
6+8=14

그대로
❸ $64 + 5 = \boxed{6}\,\boxed{9}$
4+5=9

+1
❹ $27 + 7 = \boxed{3}\,\boxed{4}$
7+7=14

그대로
❺ $43 + 6 = \boxed{4}\,\boxed{9}$
3+6=9

+1
❻ $34 + 9 = \boxed{4}\,\boxed{3}$
4+9=13

🌱 계산을 하세요.

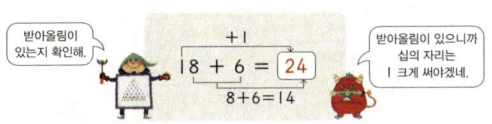

받아올림이 있는지 확인해.

+1
$18 + 6 = \boxed{24}$
8+6=14

받아올림이 있으니까 십의 자리는 1 크게 써야겠네.

❶ $45 + 3 = \boxed{48}$

❷ $57 + 9 = \boxed{66}$

❸ $38 + 1 = \boxed{39}$

❹ $64 + 6 = \boxed{70}$

❺ $92 + 5 = \boxed{97}$

❻ $76 + 8 = \boxed{84}$

❼ $23 + 2 = \boxed{25}$

❽ $15 + 8 = \boxed{23}$

❾ $74 + 2 = \boxed{76}$

❿ $89 + 3 = \boxed{92}$

큐리는 빠르고 정확한 뺄셈 방법을 배우고 있어요.

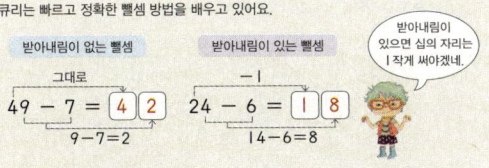

| 받아내림이 없는 뺄셈 | 받아내림이 있는 뺄셈 |

그대로
$49 - 7 = \boxed{4}\,\boxed{2}$
9-7=2

−1
$24 - 6 = \boxed{1}\,\boxed{8}$
14-6=8

받아내림이 있으면 십의 자리는 1 작게 써야겠네.

🌱 □안에 알맞은 수를 쓰세요.

| 받아내림이 없는 뺄셈 | 받아내림이 있는 뺄셈 |

그대로
❶ $48 - 1 = \boxed{4}\,\boxed{7}$
8-1=7

−1
❷ $23 - 7 = \boxed{1}\,\boxed{6}$
13-7=6

그대로
❸ $85 - 4 = \boxed{8}\,\boxed{1}$
5-4=1

−1
❹ $36 - 9 = \boxed{2}\,\boxed{7}$
16-9=7

그대로
❺ $57 - 3 = \boxed{5}\,\boxed{4}$
7-3=4

−1
❻ $62 - 8 = \boxed{5}\,\boxed{4}$
12-8=4

🌱 계산을 하세요.

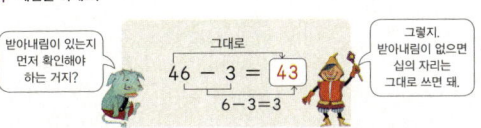

받아내림이 있는지 먼저 확인해야 하는 거지?

그대로
$46 - 3 = \boxed{43}$
6-3=3

그렇지. 받아내림이 없으면 십의 자리는 그대로 쓰면 돼.

❶ $85 - 6 = \boxed{79}$

❷ $53 - 1 = \boxed{52}$

❸ $37 - 8 = \boxed{29}$

❹ $29 - 9 = \boxed{20}$

❺ $42 - 7 = \boxed{35}$

❻ $76 - 4 = \boxed{72}$

❼ $68 - 2 = \boxed{66}$

❽ $91 - 5 = \boxed{86}$

❾ $74 - 1 = \boxed{73}$

❿ $43 - 6 = \boxed{37}$

공부한 날
월
일

346 재미있는 덧셈과 뺄셈

티나는 과녁에 화살을 쏘아서 맞힌 두 수로 식을 세우고 계산을 해요.

색이 다른 과녁에 꽂히면 차를 구하고, 색이 같은 과녁에 꽂히면 합을 구하는 거야.

| 30 | 35 |
| 25 | 28 |

이번엔 차를 구해야겠네.

$28 - 6 = \boxed{22}$

🌱 화살이 꽂힌 과녁의 점수를 □ 안에 쓰세요.

❶
| 24 | 51 |
| 46 | 19 |

$46 + 9 = \boxed{55}$

❷
| 16 | 34 |
| 37 | 66 |

$34 - 8 = \boxed{26}$

❸
| 73 | 90 |
| 46 | 82 |

$73 + 5 = \boxed{78}$

❹
| 48 | 69 |
| 75 | 51 |

$51 - 2 = \boxed{49}$

🌱 계산 결과가 같은 것끼리 선으로 이으세요.

$39+8$
$69+4 = 73$
$83+3 = 86$
$91-5 = 86$
$77+7 = 84$
$52-5$
$86-2 = 84$
$81-8 = 73$

큐리는 빙글빙글 도는 식을 완성하고 있어요.

차근차근 계산하면 쉽게 완성할 수 있어.

식이 빙글빙글 돌고 있네.

$73 + 8 = 81$
$- \quad 6$
3
$=$
$70 + 5 = 75$

🌱 빈칸에 알맞은 수를 쓰세요.

❶
$59 - 2 = 57$
$-$
6
$=$
$53 + 8 = 61$

❷
$61 + 7 = 68$
$+ \quad 6$
3
$=$
$64 - 2 = 62$

아이구~ 어지러워. 머리가 빙글빙글 돌아.

🌱 계산 결과를 찾아 길을 따라 선을 그으세요.

출발

$47+6$ — 53 — $61+8$ — 68
52 — 69
31 — $35-1$ — 78 — $82-4$
34 — 72
$73+6$ — 78 — $94-9$ — 65
77 — 86
22 — $28-7$ — 63 — $56+7$
21 — 64

공부한 날 월 일

무엇을 배웠을까요

♣ 그림을 보고 계산을 하세요.

❶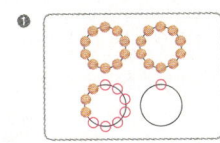

❷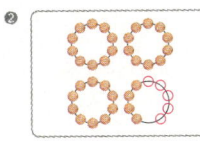

23 + 8 = 31

34 + 5 = 39

♣ 십, 몇십을 만들어 덧셈을 해요. □ 안에 알맞은 수를 쓰세요.

❸ 45 + 8 = 43 + 10
　　　　　 = 53

❹ 67 + 4 = 70 + 1
　　　　　 = 71

❺ 56 + 9 = 55 + 10
　　　　　 = 65

❻ 78 + 6 = 80 + 4
　　　　　 = 84

♣ □ 안에 알맞은 수를 쓰세요.

❼
```
    3 5
  －   5
    3 0
```

❽
```
   1 10
   2 8
  －  9
   1 9
```

❾
```
   7 10
   8 1
  －  4
   7 7
```

♣ 같은 수를 더하거나 빼서 십, 몇십을 만들어 계산하세요.

❿ 61 － 5 = 56
　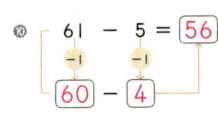
　60 － 4

⓫ 44 － 8 = 36
　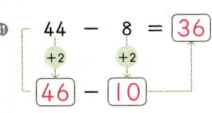
　46 － 10

♣ □ 안에 알맞은 수를 쓰세요.

⓬ 83 + 5 = 88
　그대로
　3+5=8

⓭ 57 + 4 = 61
　+1
　7+4=11

⓮ 76 － 2 = 74
　그대로
　6-2=4

⓯ 92 － 3 = 89
　-1
　12-3=9

♣ 빈칸에 알맞은 수를 쓰세요.

⓰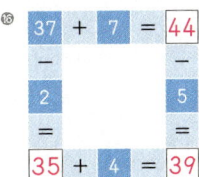

37 + 7 = 44
－　　－
2　　5
＝　　＝
35 + 4 = 39

⓱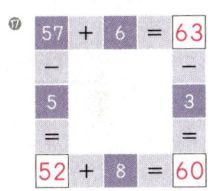

57 + 6 = 63
－　　－
5　　3
＝　　＝
52 + 8 = 60

347 덧셈과 뺄셈의 관계

꼬마 요괴들이 구슬의 위치를 바꾸어 덧셈식을 뺄셈식으로 만들어요.

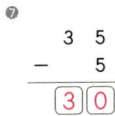

나는 파란색 구슬과 초록색 구슬을 바꾸었어.

난 구슬의 위치를 모두 바꾸었어.

20 + 8 = 28　　20 + 8 = 28

28 － 8 = 20　　28 － 20 = 8

♣ 빈 곳에 알맞은 수를 쓰세요.

❶ 16 + 9 = 25　　16 + 9 = 25

25 － 9 = 16　　25 － 16 = 9

❷ 31 + 5 = 36　　31 + 5 = 36

36 － 5 = 31　　36 － 31 = 5

♣ 덧셈식을 보고 뺄셈식 2개를 만드세요.

13 + 2 = 15 ⟨ 15 － 2 = 13
　　　　　　　 15 － 13 = 2

덧셈식에서 가장 큰 수가 항상 뺄셈식의 가장 앞에 오는 거야.

❶ 75 + 7 = 82 ⟨ 82 － 7 = 75
　　　　　　　 82 － 75 = 7

❷ 29 + 4 = 33 ⟨ 33 － 4 = 29
　　　　　　　 33 － 29 = 4

❸ 62 + 3 = 65 ⟨ 65 － 3 = 62
　　　　　　　 65 － 62 = 3

❹ 38 + 9 = 47 ⟨ 47 － 9 = 38
　　　　　　　 47 － 38 = 9

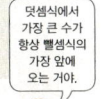

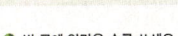

공부한 날
월
일

36 · 37

현우는 나무 막대를 보고 뺄셈식을 만들었어요.

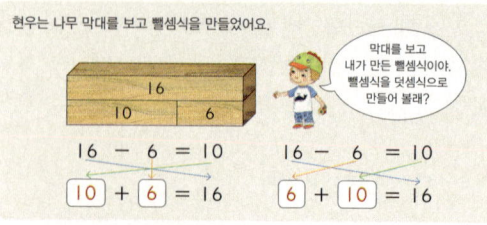

막대를 보고 내가 만든 뺄셈식이야. 뺄셈식을 덧셈식으로 만들어 볼래?

$$16 - 6 = 10 \qquad 16 - 6 = 10$$
$$10 + 6 = 16 \qquad 6 + 10 = 16$$

🌱 □안에 알맞은 수를 쓰세요.

❶
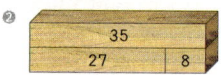

$$21 - 7 = 14 \qquad 21 - 7 = 14$$
$$14 + 7 = 21 \qquad 7 + 14 = 21$$

❷

$$35 - 8 = 27 \qquad 35 - 8 = 27$$
$$27 + 8 = 35 \qquad 8 + 27 = 35$$

36 연산 C6

🌱 뺄셈식을 보고 덧셈식 2개를 만드세요.

$$18 - 5 = 13 \begin{cases} 13 + 5 = 18 \\ 5 + 13 = 18 \end{cases}$$

뺄셈식에서 가장 큰 수를 덧셈식의 계산 결과에 쓰는 거야.

❶ $$27 - 6 = 21 \begin{cases} 21 + 6 = 27 \\ 6 + 21 = 27 \end{cases}$$

❷ $$43 - 7 = 36 \begin{cases} 36 + 7 = 43 \\ 7 + 36 = 43 \end{cases}$$

❸ $$51 - 8 = 43 \begin{cases} 43 + 8 = 51 \\ 8 + 43 = 51 \end{cases}$$

❹ $$39 - 4 = 35 \begin{cases} 35 + 4 = 39 \\ 4 + 35 = 39 \end{cases}$$

덧셈과 뺄셈의 관계 37

공부한 날
월
일

---

38 · 39

348 가족수

큐리가 구슬 3개를 가지고 있어요.

이 구슬들은 가족수야.

🔵 10 🔵 2 🔵 12

하나의 식을 이루는 수를 가족수라고 하지.

$$10 + 2 = 12$$
$$2 + 10 = 12$$

🌱 주어진 3개의 수를 모두 사용하여 덧셈식 2개를 만드세요.

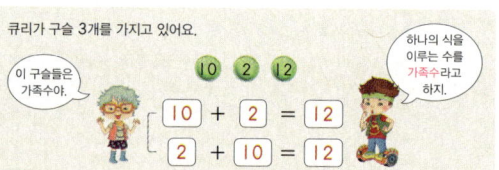

❶ 15 3 18
$$15 + 3 = 18$$
$$3 + 15 = 18$$

❷ 38 6 44
$$38 + 6 = 44$$
$$6 + 38 = 44$$

❸ 46 41 5
$$41 + 5 = 46$$
$$5 + 41 = 46$$

38 연산 C6

🌱 우산에 적힌 수 중 가족수를 찾아 색칠하고 덧셈식 2개를 만드세요.

$$26 + 8 = 34$$
$$8 + 26 = 34$$

$$64 + 8 = 72$$
$$8 + 64 = 72$$

$$38 + 9 = 47$$
$$9 + 38 = 47$$

덧셈과 뺄셈의 관계 39

---

8 연산 C6

티나가 구슬을 사용하여 뺄셈식을 만들어요.

가족수 구슬이 여기 있어. 6 24 18 내가 만든 식이야.

$24 - 6 = 18$

주어진 수를 한 번씩 모두 사용하여 뺄셈식을 만드세요.

① 27 23 4 $27 - 4 = 23$

② 43 7 36 $43 - 7 = 36$

③ 8 35 27 $35 - 8 = 27$

④ 11 3 14 $14 - 3 = 11$

⑤ 2 45 47 $47 - 2 = 45$

주어진 수 중 세 수를 사용하여 덧셈식과 뺄셈식을 만드세요.

16 22 7 23

$16 + 7 = 23$
$23 - 7 = 16$

세 수 중 가장 큰 수를 덧셈식의 맨 뒤에, 뺄셈식의 맨 앞에 넣는 거야.

① 5 21 26 6
$21 + 5 = 26$
$26 - 5 = 21$

② 13 1 12 15
$12 + 1 = 13$
$13 - 1 = 12$

③ 62 9 8 71
$62 + 9 = 71$
$71 - 9 = 62$

④ 6 39 44 45
$39 + 6 = 45$
$45 - 6 = 39$

공부한 날
월
일

349 덧셈식, 뺄셈식 보고 □ 구하기

장난 요괴가 거꾸로 요괴의 나무 막대 하나를 가져갔어요.

| 10 | 8 |
| 18 | |

10 8
18

$10 + 8 = 18$ ➡ $18 - 8 = 10$

길이가 얼마인 막대를 가져간 거지?

10과 8을 더하면 18, 길이가 10인 막대가 남았으니까 8인 막대를 가져간 거지.

그림을 보고 □ 안에 알맞은 수를 쓰세요.

①
13 9
22

13
22 9

$13 + 9 = 22$ ➡ $22 - 9 = 13$

②
12 7
19

12 7
19

$12 + 7 = 19$ ➡ $19 - 7 = 12$

관계있는 것끼리 선으로 이으세요.

$16+8=24$ $5+34=39$ $9+82=91$ $47+6=53$

$□-6=47$ $24-□=16$ $39-□=34$ $□-9=82$

53 5 8 91

정답 9

44 · 45

장난 요괴가 가져간 나무 막대를 거꾸로 요괴가 돌려받았어요.

16 − 5 = 11 ➡ 11 + 5 = 16

길이가 얼마인 막대를 돌려 받은 거지?

16에서 5를 빼면 11, 길이가 11인 막대가 남았으니까 5인 막대를 돌려받았어.

🌱 그림을 보고 □ 안에 알맞은 수를 쓰세요.

❶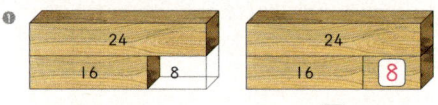

24 − 8 = 16 ➡ 16 + 8 = 24

❷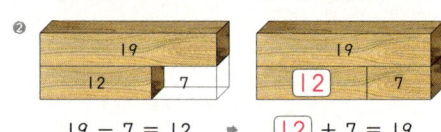

19 − 7 = 12 ➡ 12 + 7 = 19

🌱 주어진 뺄셈식을 계산하고 □ 안에 알맞은 수를 쓰세요.

18 − 6 = 12 ➡ 6 + 12 = 18

뺄셈식과 덧셈식을 잘 살펴봐. 난 이만 잘래.

❶ 27 − 9 = 18 ➡ 18 + 9 = 27

❷ 52 − 3 = 49 ➡ 49 + 3 = 52

❸ 45 − 8 = 37 ➡ 37 + 8 = 45

❹ 72 − 7 = 65 ➡ 65 + 7 = 72

❺ 69 − 1 = 68 ➡ 68 + 1 = 69

공부한 날

월

일

46 · 47

350 □가 있는 덧셈식

현우가 쟁반에 과자를 4개 더 놓았어요.

4개를 더 놓았더니 17개가 됐네.

처음에 쟁반에 있던 과자는 13개였구나.

13 + 4 = 17

🌱 처음에 있던 과자의 수만큼 ◯를 그리고 □ 안에 알맞은 수를 쓰세요.

❶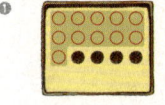

11 + 4 = 15

❷

12 + 5 = 17

❸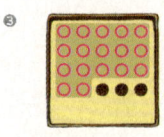

17 + 3 = 20

❹

15 + 7 = 22

🌱 사다리 타기를 하여 □ 안에 알맞은 수를 쓰세요.

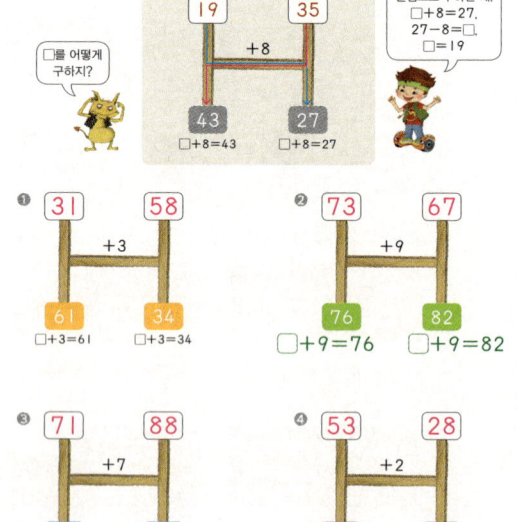

19   35
+8
43   27
□+8=43 □+8=27

□를 어떻게 구하지?

뺄셈으로 구하면 돼. □+8=27, 27−8=□ □=19

❶ 31   58
+3
61   34
□+3=61 □+3=34

❷ 73   67
+9
76   82
□+9=76 □+9=82

❸ 71   88
+7
95   78
□+7=95 □+7=78

❹ 53   28
+2
30   55
□+2=30 □+2=55

거꾸로 요괴가 마법 상자에 공을 넣어요.

공이 들어갔다 나왔더니 수가 커졌네.

3 +17 20

3+□=20, 20-3=□, □=17

● 마법 상자의 □ 안에 알맞은 수를 쓰세요.

① 1 +15 16 1+□=16
② 9 +50 59
③ 7 +56 63
④ 5 +32 37
⑤ 6 +68 74

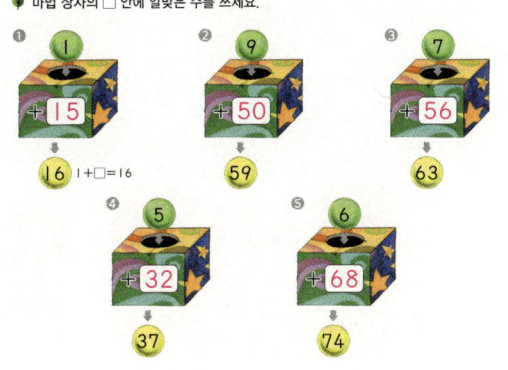

● □ 안에 알맞은 수를 쓰세요.

어휴...... 어려워.

$4 + 15 = 19$ $19-4=15$

4와 19의 차를 생각하면 쉬워.

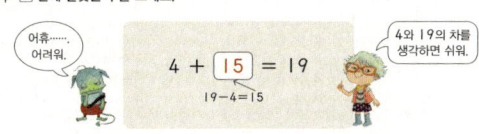

① $6 + 17 = 23$ $23-6=17$
② $7 + 44 = 51$ $51-7=44$
③ $8 + 28 = 36$ $36-8=28$
④ $2 + 77 = 79$ $79-2=77$
⑤ $5 + 13 = 18$ $18-5=13$
⑥ $1 + 29 = 30$ $30-1=29$
⑦ $3 + 62 = 65$ $65-3=62$
⑧ $4 + 68 = 72$ $72-4=68$
⑨ $9 + 39 = 48$ $48-9=39$
⑩ $8 + 76 = 84$ $84-8=76$

48 연산 C6

덧셈과 뺄셈의 관계 49

무엇을 배웠을까요

▲ 덧셈식을 보고 뺄셈식 2개를 만들거나 뺄셈식을 보고 덧셈식 2개를 만드세요.

① $36 + 7 = 43$ { $43 - 7 = 36$ / $43 - 36 = 7$
② $54 - 8 = 46$ { $46 + 8 = 54$ / $8 + 46 = 54$

▲ 주어진 3개의 수를 모두 사용하여 덧셈식 2개를 만드세요.

③ 16 5 21 [$16 + 5 = 21$ / $5 + 16 = 21$
④ 9 62 71 [$62 + 9 = 71$ / $9 + 62 = 71$

▲ 주어진 수 중 세 수를 사용하여 덧셈식과 뺄셈식을 만드세요.

⑤ 5 42 47 6     25 8 7 33

$42 + 5 = 47$ $25 + 8 = 33$
$47 - 5 = 42$ $33 - 8 = 25$

▲ 그림을 보고 □ 안에 알맞은 수를 쓰세요.

⑦ 14 8 / 22   14 8 / 22

$14 + 8 = 22$ ➡ $22 - 8 = 14$

▲ 주어진 뺄셈식을 계산하고 □ 안에 알맞은 수를 쓰세요.

⑧ $38 - 8 = 30$ ➡ $30 + 8 = 38$
⑨ $65 - 7 = 58$ ➡ $58 + 7 = 65$

▲ 사다리 타기를 하여 □ 안에 알맞은 수를 쓰세요.

⑩ 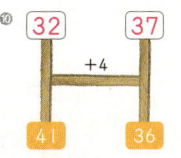 32 37 / +4 / 41 36
⑪ 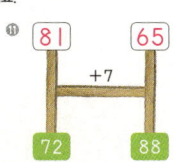 81 65 / +7 / 72 88

▲ □ 안에 알맞은 수를 쓰세요.

⑫ $6 + 52 = 58$
⑬ $5 + 78 = 83$

50 연산 C6

덧셈과 뺄셈의 관계 51

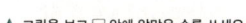
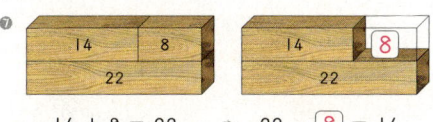

54 · 55

351 □가 있는 뺄셈식

한입 요괴가 태돌이에게 받은 과자 17개 중 몇 개를 먹었어요.

$$17 - \boxed{5} = 12$$

과자가 12개 남았네. 몇 개를 먹은 거지?

과자는 17개 있었어. 5개를 먹은 거네.

🍀 과자의 처음 개수와 남은 개수를 보고 □ 안에 알맞은 수를 쓰세요.

① $18 - \boxed{6} = 12$

② $25 - \boxed{9} = 16$

🍀 □ 안에 알맞은 수를 찾아 선으로 이으세요.

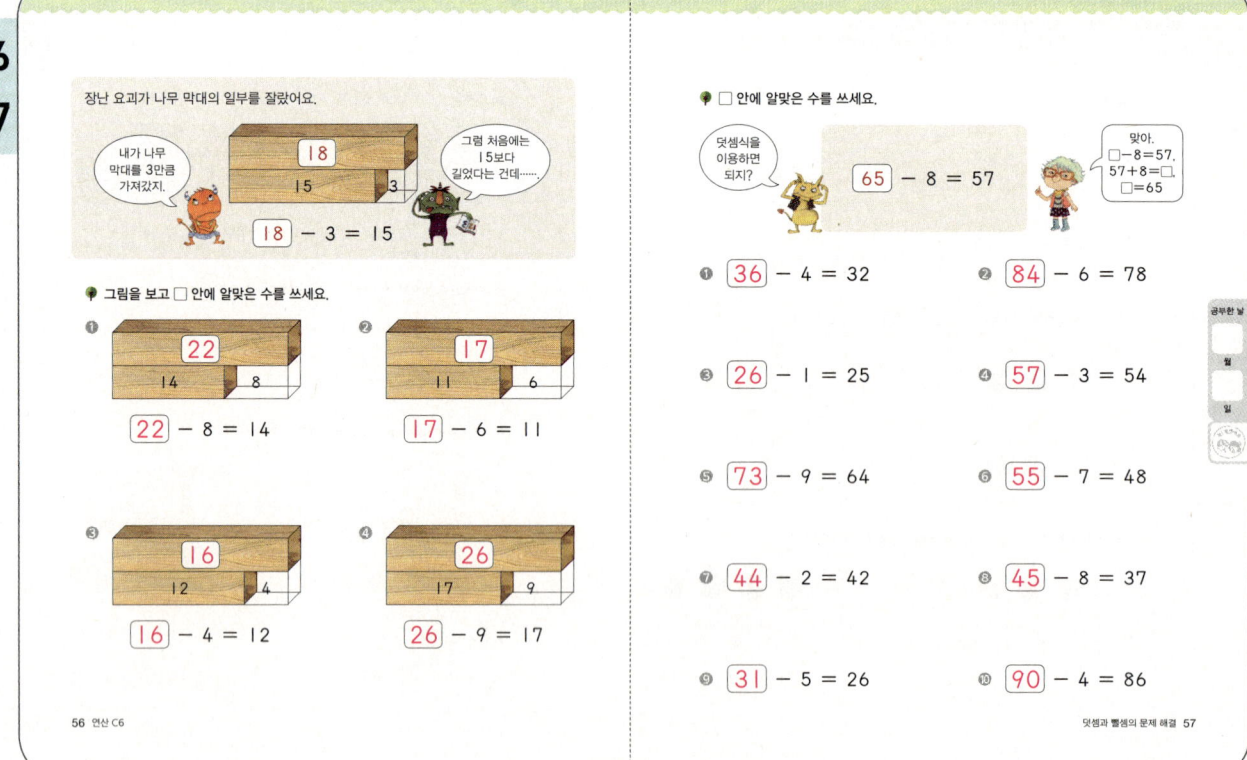

$60 - \boxed{} = 53$

$91 - \boxed{} = 82$

$83 - \boxed{} = 75$

$52 - \boxed{} = 48$

8 4 7 9

56 · 57

장난 요괴가 나무 막대의 일부를 잘랐어요.

내가 나무 막대를 3만큼 가져갔지.

18
15 3

그럼 처음에는 15보다 길었다는 건데……

$$\boxed{18} - 3 = 15$$

🍀 그림을 보고 □ 안에 알맞은 수를 쓰세요.

① 22
14 8
$$\boxed{22} - 8 = 14$$

② 17
11 6
$$\boxed{17} - 6 = 11$$

③ 16
12 4
$$\boxed{16} - 4 = 12$$

④ 26
17 9
$$\boxed{26} - 9 = 17$$

🍀 □ 안에 알맞은 수를 쓰세요.

덧셈을 이용하면 되지?

$$\boxed{65} - 8 = 57$$

맞아.
□-8=57,
57+8=□,
□=65

① $\boxed{36} - 4 = 32$

② $\boxed{84} - 6 = 78$

③ $\boxed{26} - 1 = 25$

④ $\boxed{57} - 3 = 54$

⑤ $\boxed{73} - 9 = 64$

⑥ $\boxed{55} - 7 = 48$

⑦ $\boxed{44} - 2 = 42$

⑧ $\boxed{45} - 8 = 37$

⑨ $\boxed{31} - 5 = 26$

⑩ $\boxed{90} - 4 = 86$

공부한 날

월

일

352 덧셈과 뺄셈의 관계

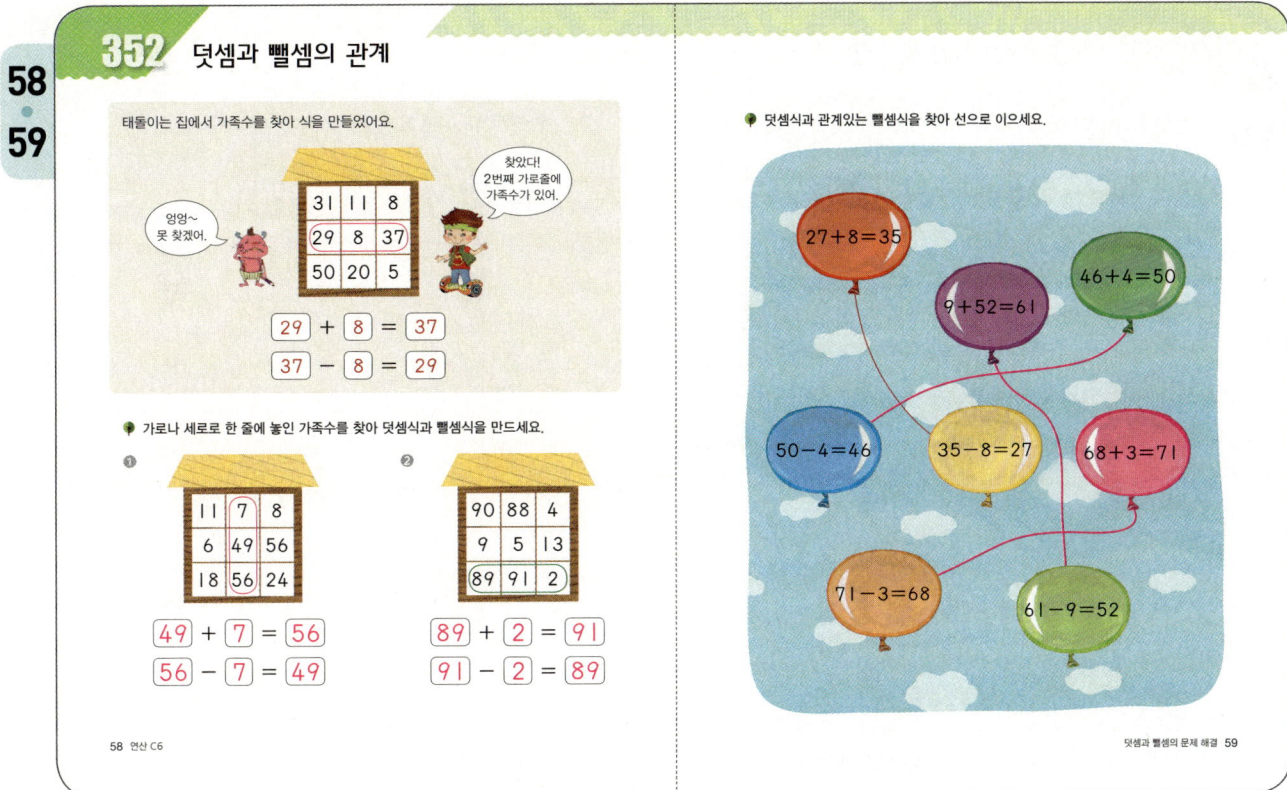

태돌이는 집에서 가족수를 찾아 식을 만들었어요.

엉엉~ 못 찾겠어.

찾았다! 2번째 가로줄에 가족수가 있어.

31	11	8
29	8	37
50	20	5

$29 + 8 = 37$

$37 - 8 = 29$

🍀 가로나 세로로 한 줄에 놓인 가족수를 찾아 덧셈식과 뺄셈식을 만드세요.

❶

11	7	8
6	49	56
18	56	24

$49 + 7 = 56$

$56 - 7 = 49$

❷

90	88	4
9	5	13
89	91	2

$89 + 2 = 91$

$91 - 2 = 89$

🍀 덧셈식과 관계있는 뺄셈식을 찾아 선으로 이으세요.

$27+8=35$

$9+52=61$

$46+4=50$

$50-4=46$

$35-8=27$

$68+3=71$

$71-3=68$

$61-9=52$

58 연산 C6

덧셈과 뺄셈의 문제 해결 59

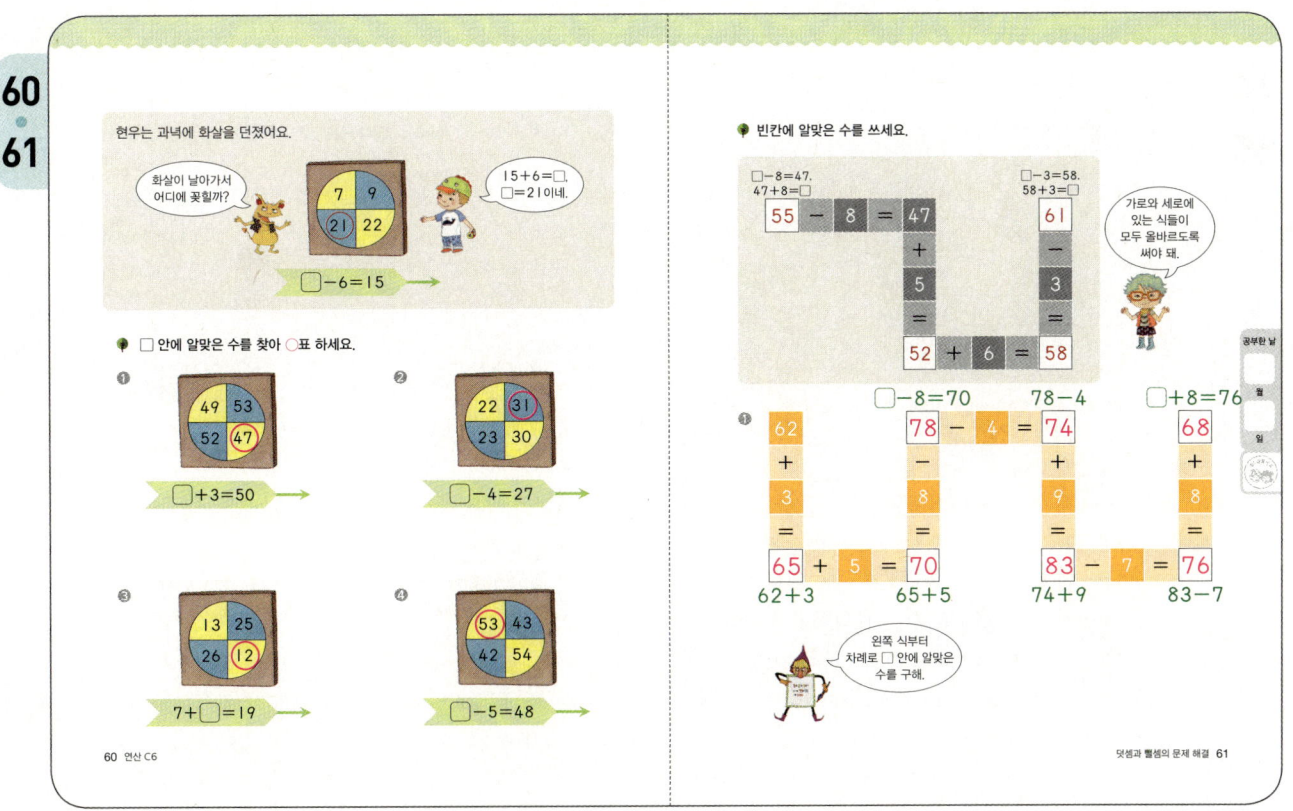

현우는 과녁에 화살을 던졌어요.

화살이 날아가서 어디에 꽂힐까?

| 7 | 9 |
| 21 | 22 |

$15+6=\square$, $\square=21$이네.

$\square-6=15$ ➡

🍀 빈칸에 알맞은 수를 쓰세요.

$\square-8=47$. $47+8=\square$

55	−	8	=	47
+				
5				
=				
52	+	6	=	58

$\square-3=58$. $58+3=\square$

				61
				−
				3
				=
				58

가로와 세로에 있는 식들이 모두 올바르도록 써야 돼.

🍀 □안에 알맞은 수를 찾아 ○표 하세요.

❶

| 49 | 53 |
| 52 | 47 |

$\square+3=50$ ➡

❷

| 22 | 31 |
| 23 | 30 |

$\square-4=27$ ➡

❸

| 13 | 25 |
| 26 | 12 |

$7+\square=19$ ➡

❹

| 53 | 43 |
| 42 | 54 |

$\square-5=48$ ➡

$\square-8=70$ $78-4$ $\square+8=76$

❶

62				78	−	4	=	74				68
+				−				+				+
3				8				9				8
=				=				=				=
65	+	5	=	70				83	−	7	=	76

$62+3$ $65+5$ $74+9$ $83-7$

왼쪽 식부터 차례로 □ 안에 알맞은 수를 구해.

60 연산 C6

덧셈과 뺄셈의 문제 해결 61

353 가장 큰 합, 가장 작은 합

큐리가 숫자 카드를 사용하여 여러 가지 덧셈식을 만들어요.

내가 만든 식 중에서 합이 가장 큰 식을 찾아봐.

2 5 7

계산하지 않고 알면 좋겠어.

$$\begin{array}{r} 5\ 2 \\ +\quad 7 \\ \hline 5\ 9 \end{array} \qquad \begin{array}{r} 2\ 7 \\ +\quad 4 \\ \hline 3\ 1 \end{array} \qquad \underline{\begin{array}{r} 7\ 5 \\ +\quad 2 \\ \hline 7\ 7 \end{array}}$$

주어진 숫자 카드로 만든 덧셈식을 계산하고 합이 가장 큰 식에 ○표 하세요.

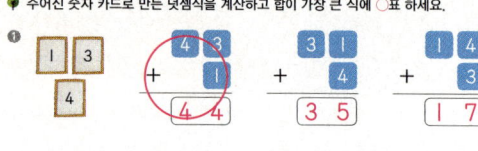

① 1 3 4

$$\begin{array}{r} 4\ 3 \\ +\quad 1 \\ \hline 4\ 4 \end{array} \qquad \begin{array}{r} 3\ 1 \\ +\quad 4 \\ \hline 3\ 5 \end{array} \qquad \begin{array}{r} 1\ 4 \\ +\quad 3 \\ \hline 1\ 7 \end{array}$$

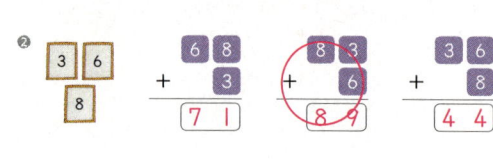

② 3 6 8

$$\begin{array}{r} 6\ 8 \\ +\quad 3 \\ \hline 7\ 1 \end{array} \qquad \begin{array}{r} 8\ 3 \\ +\quad 6 \\ \hline 8\ 9 \end{array} \qquad \begin{array}{r} 3\ 6 \\ +\quad 8 \\ \hline 4\ 4 \end{array}$$

주어진 숫자 카드를 한 번씩 사용하여 합이 가장 큰 식을 만들고 계산하세요.

가장 큰 숫자를 십의 자리에 쓰면 돼.

1 2 9

$$\begin{array}{r} 9\ 2 \\ +\quad 1 \\ \hline 9\ 3 \end{array}$$

$$\begin{array}{r} 9\ 1 \\ +\quad 2 \\ \hline 9\ 3 \end{array}$$ 이것도 되네.

① 1 2 8

$$\begin{array}{r} 8\ 2 \\ +\quad 1 \\ \hline 8\ 3 \end{array}$$ 또는 $$\begin{array}{r} 8\ 1 \\ +\quad 2 \\ \hline 8\ 3 \end{array}$$

② 4 7 8

$$\begin{array}{r} 8\ 7 \\ +\quad 4 \\ \hline 9\ 1 \end{array}$$ 또는 $$\begin{array}{r} 8\ 4 \\ +\quad 7 \\ \hline 9\ 1 \end{array}$$

③ 3 6 9

$$\begin{array}{r} 9\ 6 \\ +\quad 3 \\ \hline 9\ 9 \end{array}$$ 또는 $$\begin{array}{r} 9\ 3 \\ +\quad 6 \\ \hline 9\ 9 \end{array}$$

④ 2 5 9

$$\begin{array}{r} 9\ 5 \\ +\quad 2 \\ \hline 9\ 7 \end{array}$$ 또는 $$\begin{array}{r} 9\ 2 \\ +\quad 5 \\ \hline 9\ 7 \end{array}$$

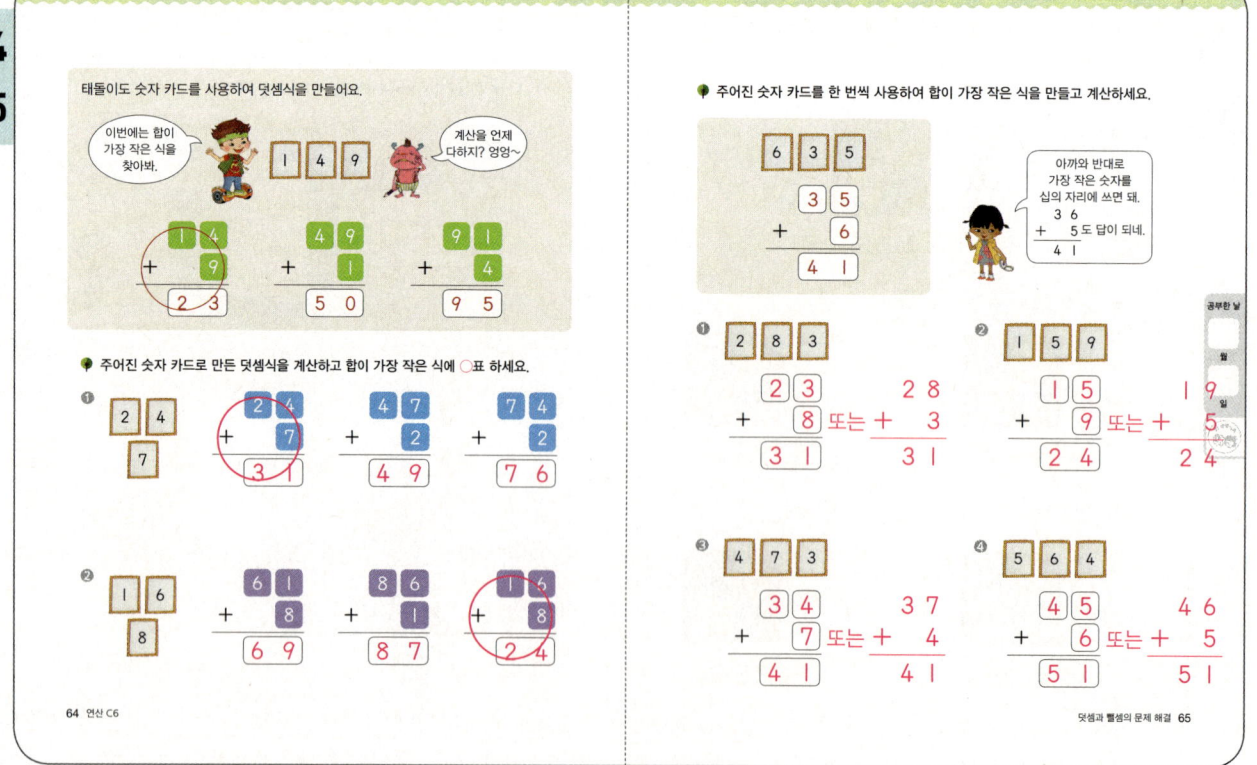

태돌이도 숫자 카드를 사용하여 덧셈식을 만들어요.

이번에는 합이 가장 작은 식을 찾아봐.

1 4 9

계산을 언제 다하지? 엉엉~

$$\begin{array}{r} 1\ 4 \\ +\quad 9 \\ \hline 2\ 3 \end{array} \qquad \begin{array}{r} 4\ 9 \\ +\quad 1 \\ \hline 5\ 0 \end{array} \qquad \begin{array}{r} 9\ 1 \\ +\quad 4 \\ \hline 9\ 5 \end{array}$$

주어진 숫자 카드로 만든 덧셈식을 계산하고 합이 가장 작은 식에 ○표 하세요.

① 2 4 7

$$\begin{array}{r} 2\ 4 \\ +\quad 7 \\ \hline 3\ 1 \end{array} \qquad \begin{array}{r} 4\ 7 \\ +\quad 2 \\ \hline 4\ 9 \end{array} \qquad \begin{array}{r} 7\ 4 \\ +\quad 2 \\ \hline 7\ 6 \end{array}$$

② 1 6 8

$$\begin{array}{r} 6\ 1 \\ +\quad 8 \\ \hline 6\ 9 \end{array} \qquad \begin{array}{r} 8\ 6 \\ +\quad 1 \\ \hline 8\ 7 \end{array} \qquad \begin{array}{r} 1\ 6 \\ +\quad 8 \\ \hline 2\ 4 \end{array}$$

주어진 숫자 카드를 한 번씩 사용하여 합이 가장 작은 식을 만들고 계산하세요.

6 3 5

$$\begin{array}{r} 3\ 5 \\ +\quad 6 \\ \hline 4\ 1 \end{array}$$

아까와 반대로 가장 작은 숫자를 십의 자리에 쓰면 돼.

$$\begin{array}{r} 3\ 6 \\ +\quad 5 \\ \hline 4\ 1 \end{array}$$ 도 답이 되네.

① 2 8 3

$$\begin{array}{r} 2\ 3 \\ +\quad 8 \\ \hline 3\ 1 \end{array}$$ 또는 $$\begin{array}{r} 2\ 8 \\ +\quad 3 \\ \hline 3\ 1 \end{array}$$

② 1 5 9

$$\begin{array}{r} 1\ 5 \\ +\quad 9 \\ \hline 2\ 4 \end{array}$$ 또는 $$\begin{array}{r} 1\ 9 \\ +\quad 5 \\ \hline 2\ 4 \end{array}$$

③ 4 7 3

$$\begin{array}{r} 3\ 4 \\ +\quad 7 \\ \hline 4\ 1 \end{array}$$ 또는 $$\begin{array}{r} 3\ 7 \\ +\quad 4 \\ \hline 4\ 1 \end{array}$$

④ 5 6 4

$$\begin{array}{r} 4\ 5 \\ +\quad 6 \\ \hline 5\ 1 \end{array}$$ 또는 $$\begin{array}{r} 4\ 6 \\ +\quad 5 \\ \hline 5\ 1 \end{array}$$

공부한 날 월 일

354 가장 큰 차, 가장 작은 차

현우는 숫자 카드를 사용하여 여러 가지 뺄셈식을 만들어요.

어떻게 하는 건지 모르겠어. 3 1 5 계산해서 차가 가장 큰 식을 찾으면 돼.

$$\begin{array}{r} 1\ 3 \\ -\ \ \ 5 \\ \hline 8 \end{array} \qquad \begin{array}{r} 3\ 5 \\ -\ \ \ 1 \\ \hline 3\ 4 \end{array} \qquad \begin{array}{r} 5\ 3 \\ -\ \ \ 1 \\ \hline 5\ 2 \end{array}$$

🌱 주어진 숫자 카드로 만든 뺄셈식을 계산하고 차가 가장 큰 식에 ◯표 하세요.

① 4 2 / 9
$$\begin{array}{r} 9\ 2 \\ -\ \ \ 4 \\ \hline 8\ 8 \end{array} \qquad \begin{array}{r} 9\ 4 \\ -\ \ \ 2 \\ \hline 9\ 2 \end{array} \qquad \begin{array}{r} 4\ 9 \\ -\ \ \ 2 \\ \hline 4\ 7 \end{array}$$

② 6 7 / 2
$$\begin{array}{r} 7\ 6 \\ -\ \ \ 2 \\ \hline 7\ 4 \end{array} \qquad \begin{array}{r} 6\ 2 \\ -\ \ \ 7 \\ \hline 5\ 5 \end{array} \qquad \begin{array}{r} 2\ 7 \\ -\ \ \ 6 \\ \hline 2\ 1 \end{array}$$

🌱 주어진 숫자 카드를 한 번씩 사용하여 차가 가장 큰 식을 만들고 계산하세요.

가장 큰 두 자리 수를 만들어 봐. 8 4 2 그럼 84를 만들어서 차를 구해야겠네.

$$\begin{array}{r} 8\ 4 \\ -\ \ \ 2 \\ \hline 8\ 2 \end{array}$$

① 1 9 5
$$\begin{array}{r} 9\ 5 \\ -\ \ \ 1 \\ \hline 9\ 4 \end{array}$$

② 6 8 3
$$\begin{array}{r} 8\ 6 \\ -\ \ \ 3 \\ \hline 8\ 3 \end{array}$$

③ 7 6 4
$$\begin{array}{r} 7\ 6 \\ -\ \ \ 4 \\ \hline 7\ 2 \end{array}$$

④ 2 9 7
$$\begin{array}{r} 9\ 7 \\ -\ \ \ 2 \\ \hline 9\ 5 \end{array}$$

티나가 뺄셈식을 만들고 차가 가장 작은 식을 찾아요.

계산하지 않고도 찾을 수 있을까? 1 7 4 가장 작은 수에서 가장 큰 자리 수를 뺀 식을 찾아봐.

$$\begin{array}{r} 1\ 7 \\ -\ \ \ 4 \\ \hline 1\ 3 \end{array} \qquad \begin{array}{r} 1\ 4 \\ -\ \ \ 7 \\ \hline 7 \end{array} \qquad \begin{array}{r} 4\ 7 \\ -\ \ \ 1 \\ \hline 4\ 6 \end{array}$$

🌱 주어진 숫자 카드로 만든 뺄셈식을 계산하고 차가 가장 작은 식에 ◯표 하세요.

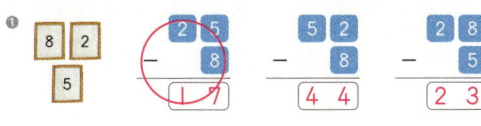

① 8 2 / 5
$$\begin{array}{r} 2\ 5 \\ -\ \ \ 8 \\ \hline 1\ 7 \end{array} \qquad \begin{array}{r} 5\ 2 \\ -\ \ \ 8 \\ \hline 4\ 4 \end{array} \qquad \begin{array}{r} 2\ 8 \\ -\ \ \ 5 \\ \hline 2\ 3 \end{array}$$

② 3 6 / 9
$$\begin{array}{r} 3\ 6 \\ -\ \ \ 9 \\ \hline 2\ 7 \end{array} \qquad \begin{array}{r} 6\ 3 \\ -\ \ \ 9 \\ \hline 5\ 4 \end{array} \qquad \begin{array}{r} 3\ 9 \\ -\ \ \ 6 \\ \hline 3\ 3 \end{array}$$

🌱 주어진 숫자 카드를 한 번씩 사용하여 차가 가장 작은 식을 만들고 계산하세요.

가장 작은 두 자리 수를 만들어 봐. 5 7 9 그럼 57을 만들어서 차를 구해야겠네.

$$\begin{array}{r} 5\ 7 \\ -\ \ \ 9 \\ \hline 4\ 8 \end{array}$$

① 2 6 5
$$\begin{array}{r} 2\ 5 \\ -\ \ \ 6 \\ \hline 1\ 9 \end{array}$$

② 3 8 4
$$\begin{array}{r} 3\ 4 \\ -\ \ \ 8 \\ \hline 2\ 6 \end{array}$$

③ 4 9 6
$$\begin{array}{r} 4\ 6 \\ -\ \ \ 9 \\ \hline 3\ 7 \end{array}$$

④ 7 3 1
$$\begin{array}{r} 1\ 3 \\ -\ \ \ 7 \\ \hline 6 \end{array}$$

공부한 날 월 일

정답 15

355 목표수

숫자 카드로 만든 덧셈식의 숫자 몇 개를 딴소리 요괴가 지웠어요.

내가 지웠어. 재미있다.

다시 완성할 수 있어!

3 4 7

| 4 | 3 | | 3 | 4 | | 7 | 4 |
+ | 7 | | + | 7 | | + | 3 |
5 0 | | 4 1 | | 7 7

🌳 주어진 숫자 카드를 한 번씩 사용하여 만든 덧셈식의 □ 안에 알맞은 수를 쓰세요.

❶ 1 6 5

| 5 | 1 | | 6 | 1 | | 1 | 5 |
+ | 6 | | + | 5 | | + | 6 |
5 7 | | 6 6 | | 2 1

❷ 2 8 3

| 2 | 3 | | 8 | 2 | | 3 | 8 |
+ | 8 | | + | 3 | | + | 2 |
3 1 | | 8 5 | | 4 0

🌳 주어진 숫자 카드를 한 번씩 사용하여 덧셈식을 완성하세요.

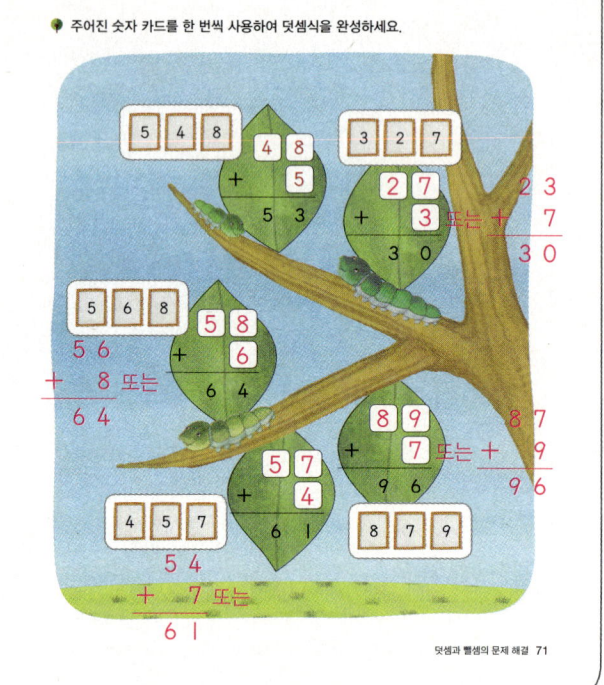

숫자 카드로 만든 뺄셈식의 숫자 몇 개를 장난 요괴가 지웠어요.

내가 지웠어. 한번 완성해 봐.

2 3 7

이번엔 어려워 보이는데……

| 3 | 7 | | 3 | 2 | | 7 | 2 |
− | 2 | | − | 7 | | − | 3 |
3 5 | | 2 5 | | 6 9

🌱 주어진 숫자 카드를 한 번씩 사용하여 만든 뺄셈식의 □ 안에 알맞은 수를 쓰세요.

❶ 4 8 9

| 9 | 4 | | 4 | 8 | | 8 | 9 |
− | 8 | | − | 9 | | − | 4 |
8 6 | | 3 9 | | 8 5

❷ 1 6 5

| 5 | 1 | | 6 | 5 | | 1 | 6 |
− | 6 | | − | 1 | | − | 5 |
4 5 | | 6 4 | | 1 1

🌱 주어진 숫자 카드를 한 번씩 사용하여 뺄셈식을 완성하세요.

심의 자리에 놓을 3이 없어.

받아내림을 생각해야지.

7 4 1

| 4 | 1 |
− | 7 |
3 4

❶ 3 6 5

| 5 | 3 |
− | 6 |
4 7

❷ 8 7 2

| 7 | 2 |
− | 8 |
6 4

❸ 1 8 9

| 1 | 8 |
− | 9 |
9

❹ 4 3 6

| 6 | 3 |
− | 4 |
5 9

무엇을 배웠을까요

↟ 그림을 보고 □ 안에 알맞은 수를 쓰세요.

①  23 − 8 = 15

②  20 − 7 = 13

③ 24 − 6 = 18

↟ 가로나 세로로 한 줄에 놓인 가족수를 찾아 덧셈식과 뺄셈식을 만드세요.

④

63	57	6
9	41	52
71	8	62

57 + 6 = 63

63 − 6 = 57

⑤

36	5	42
9	16	38
25	31	4

38 + 4 = 42

42 − 4 = 38

74 연산 C6

↟ 주어진 숫자 카드를 한 번씩 사용하여 합이 가장 큰 식을 만들고 계산하세요.

⑥ 2 5 4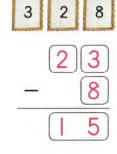

```
  5 4        5 2
+   2  또는 +   4
  5 6        5 6
```

⑦ 8 6 7

```
  8 7        8 6
+   6  또는 +   7
  9 3        9 3
```

↟ 주어진 숫자 카드를 한 번씩 사용하여 차가 가장 작은 식을 만들고 계산하세요.

⑧ 4 9 5

```
  4 5
−   9
  3 6
```

⑨ 3 2 8

```
  2 3
−   8
  1 5
```

↟ 주어진 숫자 카드를 한 번씩 사용하여 식을 완성하세요.

⑩ 8 7 3

```
  3 8        3 7
+   7  또는 +   8
  4 5        4 5
```

⑪ 5 2 9

```
  9 2
−   5
  8 7
```

덧셈과 뺄셈의 문제 해결 75

---

356 더하고 더하기

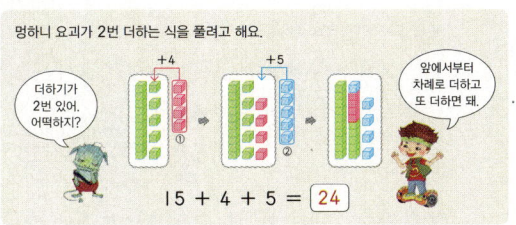

멍하니 요괴가 2번 더하는 식을 풀려고 해요.

더하기가 2번 있어. 어떡하지?

+4   +5

앞에서부터 차례로 더하고 또 더하면 돼.

15 + 4 + 5 = 24

↟ 그림을 보고 □ 안에 알맞은 수를 쓰세요.

① 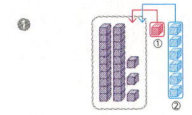 23 + 1 + 6 = 30

② 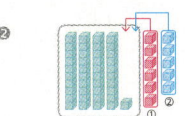 41 + 6 + 5 = 52

③ 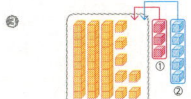 37 + 3 + 5 = 45

④ 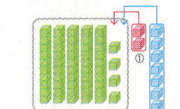 54 + 2 + 7 = 63

78 연산 C6

↟ □ 안에 알맞은 수를 쓰세요.

 28 →(+6) 34 →(+7) 41   28 + 6 + 7 = 41

28에 6을 더한 다음 7을 더해.

① 52 →(+4) 56 →(+3) 59   52 + 4 + 3 = 59

② 16 →(+8) 24 →(+1) 25   16 + 8 + 1 = 25

③ 27 →(+2) 29 →(+5) 34   27 + 2 + 5 = 34

④ 69 →(+9) 78 →(+7) 85   69 + 9 + 7 = 85

⑤ 45 →(+6) 51 →(+2) 53   45 + 6 + 2 = 53

세 수의 계산 79

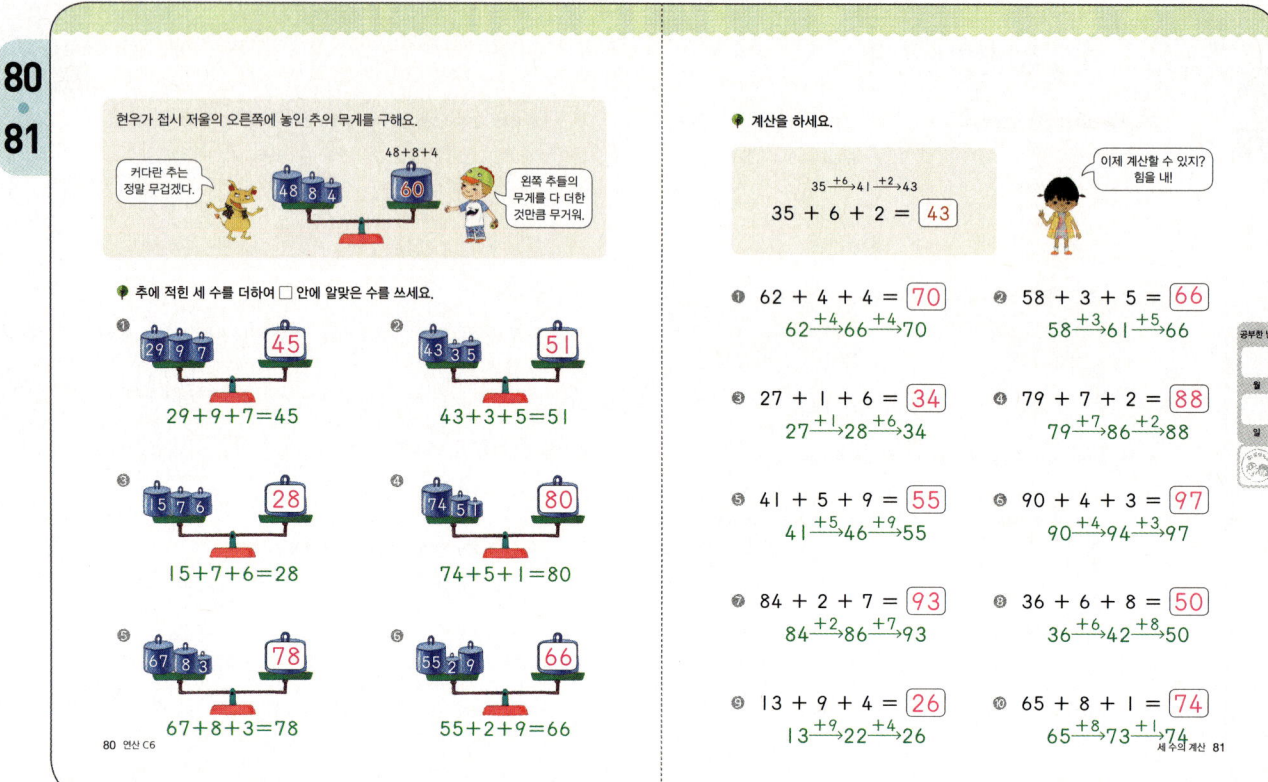

현우가 접시 저울의 오른쪽에 놓인 추의 무게를 구해요.

커다란 추는 정말 무겁겠다.

48+8+4

48 8 4 | 60

왼쪽 추들의 무게를 다 더한 것만큼 무거워.

추에 적힌 세 수를 더하여 □ 안에 알맞은 수를 쓰세요.

① 29 9 7 | 45

29+9+7=45

② 43 3 5 | 51

43+3+5=51

③ 15 7 6 | 28

15+7+6=28

④ 74 5 1 | 80

74+5+1=80

⑤ 67 8 3 | 78

67+8+3=78

⑥ 55 2 9 | 66

55+2+9=66

80 연산 C6

계산을 하세요.

이제 계산할 수 있지? 힘을 내!

$35 \xrightarrow{+6} 41 \xrightarrow{+2} 43$

$35 + 6 + 2 = \boxed{43}$

① $62 + 4 + 4 = \boxed{70}$

$62 \xrightarrow{+4} 66 \xrightarrow{+4} 70$

② $58 + 3 + 5 = \boxed{66}$

$58 \xrightarrow{+3} 61 \xrightarrow{+5} 66$

③ $27 + 1 + 6 = \boxed{34}$

$27 \xrightarrow{+1} 28 \xrightarrow{+6} 34$

④ $79 + 7 + 2 = \boxed{88}$

$79 \xrightarrow{+7} 86 \xrightarrow{+2} 88$

⑤ $41 + 5 + 9 = \boxed{55}$

$41 \xrightarrow{+5} 46 \xrightarrow{+9} 55$

⑥ $90 + 4 + 3 = \boxed{97}$

$90 \xrightarrow{+4} 94 \xrightarrow{+3} 97$

⑦ $84 + 2 + 7 = \boxed{93}$

$84 \xrightarrow{+2} 86 \xrightarrow{+7} 93$

⑧ $36 + 6 + 8 = \boxed{50}$

$36 \xrightarrow{+6} 42 \xrightarrow{+8} 50$

⑨ $13 + 9 + 4 = \boxed{26}$

$13 \xrightarrow{+9} 22 \xrightarrow{+4} 26$

⑩ $65 + 8 + 1 = \boxed{74}$

$65 \xrightarrow{+8} 73 \xrightarrow{+1} 74$

세 수의 계산 81

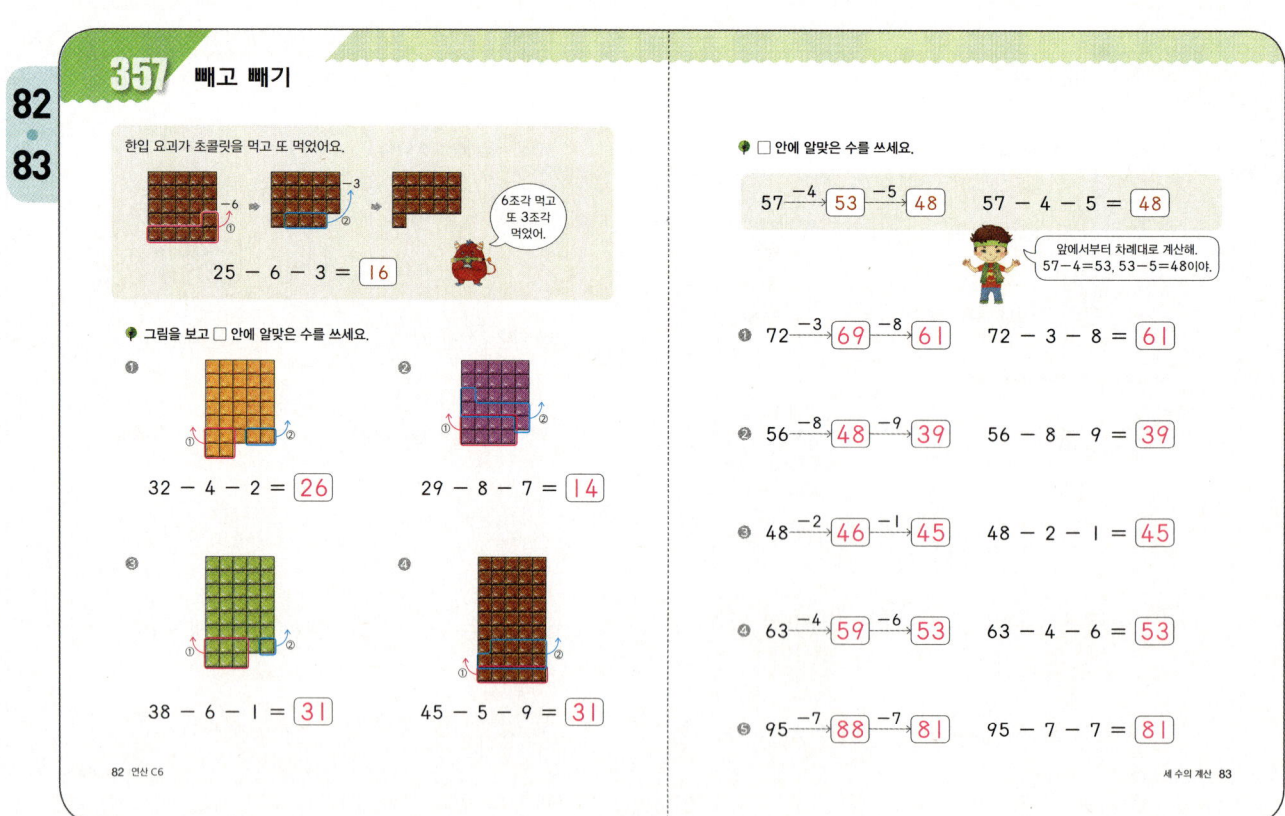

357 빼고 빼기

한입 요괴가 초콜릿을 먹고 또 먹었어요.

6조각 먹고 또 3조각 먹었어.

$25 - 6 - 3 = \boxed{16}$

그림을 보고 □ 안에 알맞은 수를 쓰세요.

① $32 - 4 - 2 = \boxed{26}$

② $29 - 8 - 7 = \boxed{14}$

③ $38 - 6 - 1 = \boxed{31}$

④ $45 - 5 - 9 = \boxed{31}$

82 연산 C6

□ 안에 알맞은 수를 쓰세요.

$57 \xrightarrow{-4} \boxed{53} \xrightarrow{-5} \boxed{48}$ $57 - 4 - 5 = \boxed{48}$

앞에서부터 차례대로 계산해. 57-4=53, 53-5=48이야.

① $72 \xrightarrow{-3} \boxed{69} \xrightarrow{-8} \boxed{61}$ $72 - 3 - 8 = \boxed{61}$

② $56 \xrightarrow{-8} \boxed{48} \xrightarrow{-9} \boxed{39}$ $56 - 8 - 9 = \boxed{39}$

③ $48 \xrightarrow{-2} \boxed{46} \xrightarrow{-1} \boxed{45}$ $48 - 2 - 1 = \boxed{45}$

④ $63 \xrightarrow{-4} \boxed{59} \xrightarrow{-6} \boxed{53}$ $63 - 4 - 6 = \boxed{53}$

⑤ $95 \xrightarrow{-7} \boxed{88} \xrightarrow{-7} \boxed{81}$ $95 - 7 - 7 = \boxed{81}$

세 수의 계산 83

현우는 부채 퍼즐을 완성하려고 해요.

 이 부채 퍼즐은 어떻게 풀지?

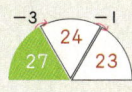 −3 24 −1 27 23

 27−3=24, 24−1=23을 빈 곳에 차례로 쓰는 거야.

🌱 빈 곳에 알맞은 수를 쓰세요.

❶ −7 57 −8 64 49
64−7=57
57−8=49

❷ −2 83 −4 85 79
85−2=83
83−4=79

❸ −5 68 −5 73 63
73−5=68
68−5=63

❹ −4 42 −9 46 33
46−4=42
42−9=33

❺ −1 96 −6 97 90
97−1=96
96−6=90

❻ −8 26 −3 34 23
34−8=26
26−3=23

84 연산 C6

🌱 계산을 하세요.

$67 \xrightarrow{-7} 60 \xrightarrow{-8} 52$

$67 - 7 - 8 = \boxed{52}$

기억해. 앞에서부터 차례로 계산해야 해.

❶ $63 - 5 - 6 = \boxed{52}$
$63 \xrightarrow{-5} 58 \xrightarrow{-6} 52$

❷ $86 - 9 - 3 = \boxed{74}$
$86 \xrightarrow{-9} 77 \xrightarrow{-3} 74$

❸ $49 - 2 - 4 = \boxed{43}$
$49 \xrightarrow{-2} 47 \xrightarrow{-4} 43$

❹ $20 - 5 - 1 = \boxed{14}$
$20 \xrightarrow{-5} 15 \xrightarrow{-1} 14$

❺ $57 - 8 - 3 = \boxed{46}$
$57 \xrightarrow{-8} 49 \xrightarrow{-3} 46$

❻ $91 - 9 - 7 = \boxed{75}$
$91 \xrightarrow{-9} 82 \xrightarrow{-7} 75$

❼ $35 - 6 - 2 = \boxed{27}$
$35 \xrightarrow{-6} 29 \xrightarrow{-2} 27$

❽ $78 - 4 - 8 = \boxed{66}$
$78 \xrightarrow{-4} 74 \xrightarrow{-8} 66$

❾ $84 - 7 - 4 = \boxed{73}$
$84 \xrightarrow{-7} 77 \xrightarrow{-4} 73$

❿ $42 - 1 - 2 = \boxed{39}$
$42 \xrightarrow{-1} 41 \xrightarrow{-2} 39$

세 수의 계산 85

공부한 날
월
일

---

358 더하고 빼기, 빼고 더하기

태돌이는 수 모형을 이용하여 계산을 해요.

어떻게 하는지 볼까?

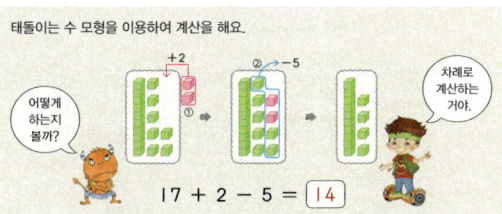

차례로 계산하는 거야.

$17 + 2 - 5 = \boxed{14}$

🌱 그림을 보고 □ 안에 알맞은 수를 쓰세요.

❶ 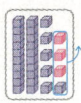 $26 + 3 - 4 = \boxed{25}$

❷  $35 + 9 - 7 = \boxed{37}$

❸  $56 + 1 - 5 = \boxed{52}$

❹  $49 + 8 - 6 = \boxed{51}$

86 연산 C6

🌱 □ 안에 알맞은 수를 쓰세요.

$68 \xrightarrow{+4} \boxed{72} \xrightarrow{-1} \boxed{71}$ $68 + 4 - 1 = \boxed{71}$

이제 어떻게 하는지 알아! 더하고 빼고~

❶ $59 \xrightarrow{+3} \boxed{62} \xrightarrow{-8} \boxed{54}$ $59 + 3 - 8 = \boxed{54}$

❷ $41 \xrightarrow{+6} \boxed{47} \xrightarrow{-9} \boxed{38}$ $41 + 6 - 9 = \boxed{38}$

❸ $89 \xrightarrow{+5} \boxed{94} \xrightarrow{-8} \boxed{86}$ $89 + 5 - 8 = \boxed{86}$

❹ $92 \xrightarrow{+1} \boxed{93} \xrightarrow{-7} \boxed{86}$ $92 + 1 - 7 = \boxed{86}$

❺ $76 \xrightarrow{+2} \boxed{78} \xrightarrow{-6} \boxed{72}$ $76 + 2 - 6 = \boxed{72}$

세 수의 계산 87

88 · 89

큐리는 빼고 더하기를 수 모형으로 해요.

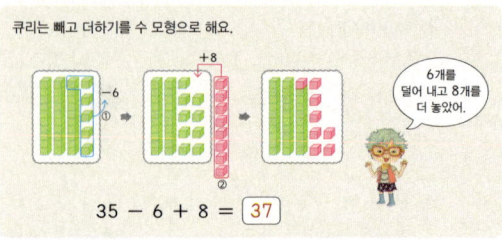

6개를 덜어 내고 8개를 더 놓았어.

$$35 - 6 + 8 = \boxed{37}$$

▶ □ 안에 알맞은 수를 쓰세요.

❶ $47 \xrightarrow{-9} \boxed{38} \xrightarrow{+4} \boxed{42}$ $47 - 9 + 4 = \boxed{42}$

❷ $62 \xrightarrow{-5} \boxed{57} \xrightarrow{+7} \boxed{64}$ $62 - 5 + 7 = \boxed{64}$

❸ $83 \xrightarrow{-4} \boxed{79} \xrightarrow{+5} \boxed{84}$ $83 - 4 + 5 = \boxed{84}$

❹ $90 \xrightarrow{-8} \boxed{82} \xrightarrow{+6} \boxed{88}$ $90 - 8 + 6 = \boxed{88}$

▶ 계산을 하세요.

$$73 \xrightarrow{-9} 64 \xrightarrow{+5} 69$$
$$73 - 9 + 5 = \boxed{69}$$

절대 9+5를 먼저 계산하면 안 돼, 알지?

❶ $28 - 4 + 4 = \boxed{28}$ ❷ $48 - 1 + 5 = \boxed{52}$
  $28 \xrightarrow{-4} 24 \xrightarrow{+4} 28$ $48 \xrightarrow{-1} 47 \xrightarrow{+5} 52$

❸ $93 - 8 + 3 = \boxed{88}$ ❹ $54 - 3 + 7 = \boxed{58}$
  $93 \xrightarrow{-8} 85 \xrightarrow{+3} 88$ $54 \xrightarrow{-3} 51 \xrightarrow{+7} 58$

❺ $82 - 6 + 4 = \boxed{80}$ ❻ $61 - 2 + 5 = \boxed{64}$
  $82 \xrightarrow{-6} 76 \xrightarrow{+4} 80$ $61 \xrightarrow{-2} 59 \xrightarrow{+5} 64$

❼ $39 - 7 + 3 = \boxed{35}$ ❽ $79 - 4 + 8 = \boxed{83}$
  $39 \xrightarrow{-7} 32 \xrightarrow{+3} 35$ $79 \xrightarrow{-4} 75 \xrightarrow{+8} 83$

❾ $57 - 9 + 6 = \boxed{54}$ ❿ $45 - 5 + 9 = \boxed{49}$
  $57 \xrightarrow{-9} 48 \xrightarrow{+6} 54$ $45 \xrightarrow{-5} 40 \xrightarrow{+9} 49$

90 · 91

359 세 수의 계산

현우는 사다리 타기를 하고 있어요.

어떻게 사다리를 타는 거야?

길을 따라가면서 계산을 하면 돼. 28-8+3=23

| 28 | 51 | 76 |
| 72 | 36 | 23 |
76+3-7 51-8-7 28-8+3

▶ 사다리 타기를 하여 □ 안에 알맞은 수를 쓰세요.

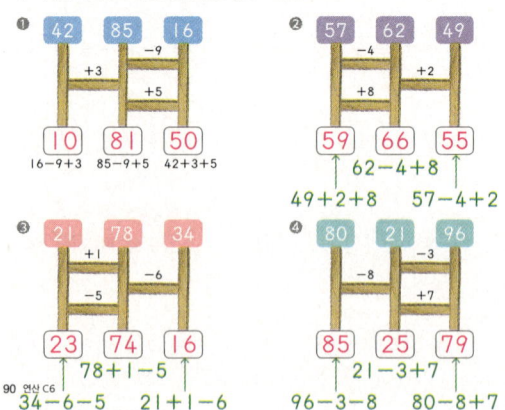

❶ | 42 | 85 | 16 |
  +3
  +5
  | 10 | 81 | 50 |
  16-9+3 85-9+5 42+3+5

❷ | 57 | 62 | 49 |
  -4
  +8   +2
  | 59 | 66 | 55 |
         ↑ 62-4+8 ↑
  49+2+8   57-4+2

❸ | 21 | 78 | 34 |
  +1
  -5   -6
  | 23 | 74 | 16 |
       ↑ 78+1-5 ↑
  34-6-5

❹ | 80 | 21 | 96 |
  -8   -3
  +7
  | 85 | 25 | 79 |
       ↑ 21-3+7 ↑
  96-3-8   80-8+7

▶ 계산 결과를 찾아 선을 그으세요.

출발

36-8+1   29   13+5+6   23
       17   24
  38   45+2-9   71 81-7-3
  42   77
58-6+4   48   72+9-5   73
       56   76
72   86-7-8   74   64+3+7
71   77

큐리가 올바른 식이 되는 길을 따라가요.

자~ 출발! 길을 잘못 들면 내가 나타나지.

59 + 4 − 7 = 56
59+4−7

올바른 식이 되도록 선을 그으세요.

❶ 76 + 3 + 5 = 68
76−3−5

❷ 24 + 9 − 1 = 32
24+9−1

❸ 65 + 7 + 8 = 50
65−7−8

❹ 86 + 8 − 2 = 80
86−8+2

❺ 31 + 2 + 6 = 35
31−2+6

❻ 48 + 9 + 4 = 35
48−9−4

92 연산 C6

구슬 안의 수를 한 번씩 모두 사용하여 식을 완성하세요.

3 4 41

41 + 3 − 4 = 40
41 + 4 − 3 = 42

$\boxed{41}$ + $\boxed{4}$ − $\boxed{3}$ = 42

❶ 1 6 27 $\boxed{27}$ + $\boxed{1}$ − $\boxed{6}$ = 22

❷ 2 5 83 $\boxed{83}$ + $\boxed{2}$ − $\boxed{5}$ = 80

❸ 4 8 59 $\boxed{59}$ + $\boxed{4}$ − $\boxed{8}$ = 55

❹ 7 9 91 $\boxed{91}$ + $\boxed{7}$ − $\boxed{9}$ = 89

❺ 5 1 64 $\boxed{64}$ + $\boxed{5}$ − $\boxed{1}$ = 68

세 수의 계산 93

공부한 날
월
일

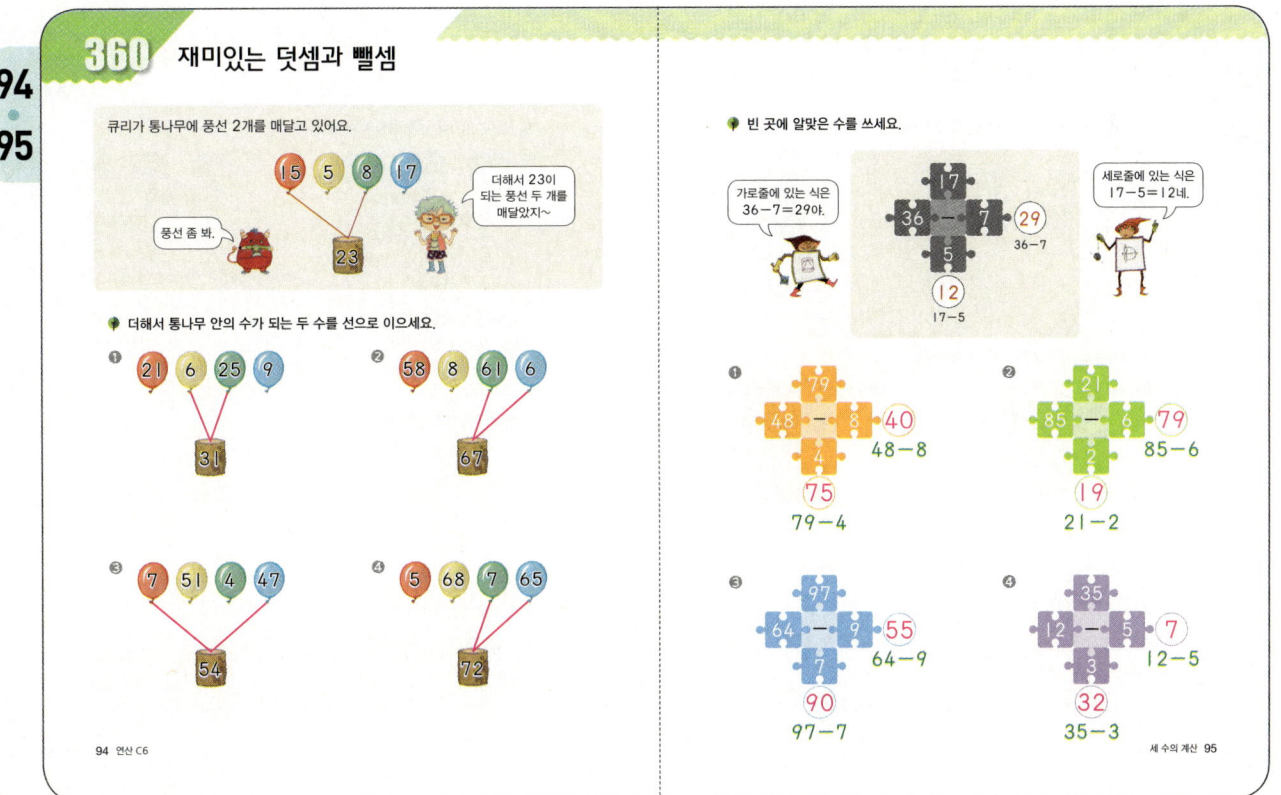

360 재미있는 덧셈과 뺄셈

큐리가 통나무에 풍선 2개를 매달고 있어요.

15 5 8 17

풍선 좀 봐.

23

더해서 23이 되는 풍선 두 개를 매달았지~

더해서 통나무 안의 수가 되는 두 수를 선으로 이으세요.

❶ 21 6 25 9   31

❷ 58 8 61 6   67

❸ 7 51 4 47   54

❹ 5 68 7 65   72

94 연산 C6

빈 곳에 알맞은 수를 쓰세요.

가로줄에 있는 식은 36−7=29야.
세로줄에 있는 식은 17−5=12네.

17
36 − 7 29
36−7
5
12
17−5

❶ 79
48 − 8 40
48−8
4
75
79−4

❷ 21
85 − 6 79
85−6
2
19
21−2

❸ 97
64 − 9 55
64−9
7
90
97−7

❹ 35
12 − 5 7
12−5
3
32
35−3

세 수의 계산 95

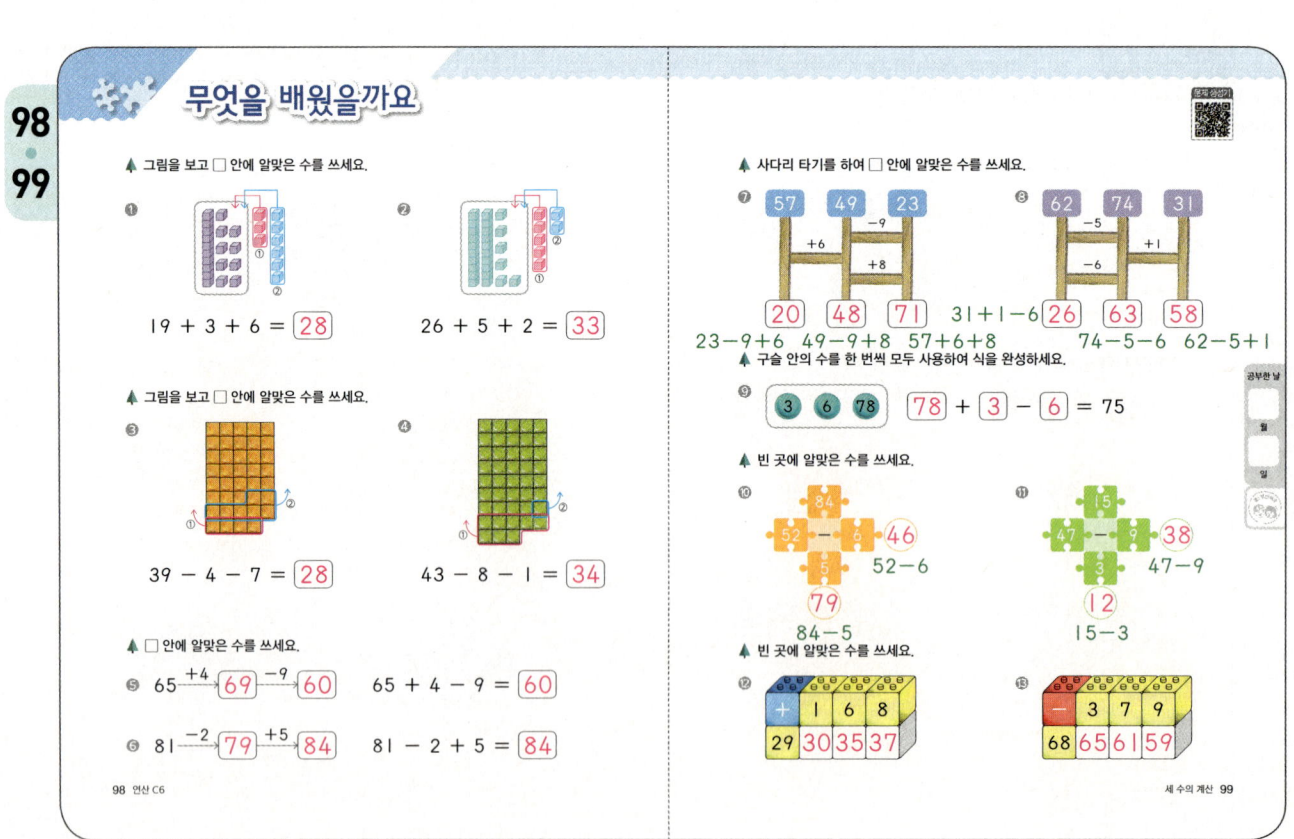

96 · 97

태돌이와 현우가 수 블록 쌓기를 해요.

수 블록 쌓기 재밌겠다.

+	5	8	9
37	42	45	46

37+5 37+8 37+9

색칠된 왼쪽 수에 위 블록의 수를 각각 더하면 돼.

🌳 빈 곳에 알맞은 수를 쓰세요.

❶
+	1	4	6
41	42	45	47

41+1

❷
−	2	3	7
86	84	83	79

86−2

❸
+	3	6	7
29	32	35	36

❹
−	4	5	8
53	49	48	45

❺
+	4	5	8
78	82	83	86

❻
−	1	6	9
94	93	88	85

🌳 관계있는 것끼리 선으로 이으세요.

16+8 · · 27 · · 36−4
29−2 · · 24 · · 15+7+5
26+9−1 · · 32 · · 27−6+3
40−6−2 · · 34 · · 31+9
34+6 · · 40 · · 38−4
42+1 · · 43 · · 35+8

96 연산 C6

세 수의 계산 97

---

98 · 99

❄ 무엇을 배웠을까요

🔺 그림을 보고 □ 안에 알맞은 수를 쓰세요.

❶ 19 + 3 + 6 = [28]

❷ 26 + 5 + 2 = [33]

🔺 그림을 보고 □ 안에 알맞은 수를 쓰세요.

❸ 39 − 4 − 7 = [28]

❹ 43 − 8 − 1 = [34]

🔺 □ 안에 알맞은 수를 쓰세요.

❺ 65 $\xrightarrow{+4}$ [69] $\xrightarrow{-9}$ [60]   65 + 4 − 9 = [60]

❻ 81 $\xrightarrow{-2}$ [79] $\xrightarrow{+5}$ [84]   81 − 2 + 5 = [84]

🔺 사다리 타기를 하여 □ 안에 알맞은 수를 쓰세요.

❼
57	49	23

[20] [48] [71]

23−9+6 49−9+8 57+6+8   31+1−6

❽
62	74	31

[26] [63] [58]

74−5−6 62−5+1

🔺 구슬 안의 수를 한 번씩 모두 사용하여 식을 완성하세요.

❾ ③ ⑥ ⑦⑧   [78] + [3] − [6] = 75

🔺 빈 곳에 알맞은 수를 쓰세요.

❿
84
52 − 5 46
5
(79)
84−5   52−6

⓫
15
47 − 9 38
3
(12)
47−9   15−3

🔺 빈 곳에 알맞은 수를 쓰세요.

⓬
+	1	6	8
29	30	35	37

⓭
−	3	7	9
68	65	61	59

98 연산 C6

세 수의 계산 99

102
・
103

덧셈과 뺄셈

관련 쪽수: 6~31쪽

✛ 덧셈을 하세요.

❶ 16 + 7 = 23   ❷ 34 + 5 = 39

❸ 42 + 9 = 51   ❹ 61 + 8 = 69

❺ 53 + 6 = 59   ❻ 26 + 4 = 30

❼ 75 + 8 = 83   ❽ 90 + 2 = 92

❾　　2 9   ❿　　7 1   ⓫　　5 4
　＋　　2   　＋　　6   　＋　　9
　　3 1   　　7 7   　　6 3

⓬　　3 8   ⓭　　6 7   ⓮　　9 2
　＋　　4   　＋　　3   　＋　　5
　　4 2   　　7 0   　　9 7

✛ 뺄셈을 하세요.

⓯ 28 − 6 = 22   ⓰ 57 − 4 = 53

⓱ 81 − 2 = 79   ⓲ 49 − 3 = 46

⓳ 35 − 9 = 26   ⓴ 78 − 5 = 73

㉑ 64 − 6 = 58   ㉒ 93 − 7 = 86

㉓　　5 8   ㉔　　3 9   ㉕　　6 3
　−　　2   　−　　9   　−　　8
　　5 6   　　3 0   　　5 5

㉖　　8 6   ㉗　　4 7   ㉘　　7 1
　−　　7   　−　　2   　−　　4
　　7 9   　　4 5   　　6 7

104
・
105

덧셈과 뺄셈의 관계

관련 쪽수: 34~51쪽

✛ 덧셈식을 보고 뺄셈식 2개를 만드세요.

❶ 36 + 7 = 43 ⟨ 43 − 7 = 36
　　　　　　　　 43 − 36 = 7

❷ 58 + 4 = 62 ⟨ 62 − 4 = 58
　　　　　　　　 62 − 58 = 4

❸ 74 + 5 = 79 ⟨ 79 − 5 = 74
　　　　　　　　 79 − 74 = 5

✛ 뺄셈식을 보고 덧셈식 2개를 만드세요.

❹ 61 − 8 = 53 ⟨ 53 + 8 = 61
　　　　　　　　 8 + 53 = 61

❺ 49 − 3 = 46 ⟨ 46 + 3 = 49
　　　　　　　　 3 + 46 = 49

❻ 82 − 2 = 80 ⟨ 80 + 2 = 82
　　　　　　　　 2 + 80 = 82

✛ 주어진 수 중 세 수를 사용하여 덧셈식과 뺄셈식을 만드세요.

❼ 8 15 23 9

15 + 8 = 23
23 − 8 = 15

❽ 53 5 6 59

53 + 6 = 59
59 − 6 = 53

❾ 45 7 38 46

38 + 7 = 45
45 − 7 = 38

❿ 4 5 27 31

27 + 4 = 31
31 − 4 = 27

✛ □ 안에 알맞은 수를 쓰세요.

⓫ 59 + 5 = 64   ⓬ 3 + 23 = 26

⓭ 32 + 7 = 39   ⓮ 4 + 79 = 83

⓯ 74 + 2 = 76   ⓰ 6 + 45 = 51

덧셈과 뺄셈의 문제 해결

관련 쪽수: 54~75쪽

✛ □ 안에 알맞은 수를 쓰세요.

① 16 − ⬚3⬚ = 13   ② ⬚25⬚ − 4 = 21

③ 45 − ⬚6⬚ = 39   ④ ⬚40⬚ − 6 = 34

⑤ 58 − ⬚8⬚ = 50   ⑥ ⬚72⬚ − 5 = 67

✛ 가로나 세로로 한 줄에 놓인 가족수를 찾아 덧셈식과 뺄셈식을 만드세요.

⑦

20	10	36
7	48	55
30	51	9

⬚48⬚ + ⬚7⬚ = ⬚55⬚
⬚55⬚ − ⬚7⬚ = ⬚48⬚

⑧

82	75	6
9	8	16
73	81	5

⬚73⬚ + ⬚9⬚ = ⬚82⬚
⬚82⬚ − ⬚9⬚ = ⬚73⬚

✛ 주어진 숫자 카드를 한 번씩 사용하여 합이 가장 작은 식을 만들고 계산하세요.

⑨ 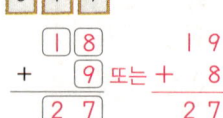 | 8 | 1 | 9 |

   1 8   1 9
+   9   또는 +   8
   2 7   2 7

⑩ | 7 | 5 | 8 |

   5 7   5 8
+   8   또는 +   7
   6 5   6 5

✛ 주어진 숫자 카드를 한 번씩 사용하여 차가 가장 큰 식을 만들고 계산하세요.

⑪ | 3 | 4 | 5 |

   5 4
−   3
   5 1

⑫ | 6 | 3 | 9 |

   9 6
−   3
   9 3

✛ 주어진 숫자 카드를 한 번씩 사용하여 식을 완성하세요.

⑬ | 7 | 6 | 8 |

   6 8   6 7
+   7   또는 +   8
   7 5   7 5

⑭ | 3 | 4 | 7 |

   4 3
−   7
   3 6

세 수의 계산

관련 쪽수: 78~99쪽

✛ 계산을 하세요.

① 37 + 4 + 5 = ⬚46⬚   ② 62 − 3 − 9 = ⬚50⬚

③ 46 − 5 + 3 = ⬚44⬚   ④ 51 + 4 − 7 = ⬚48⬚

⑤ 67 + 5 + 8 = ⬚80⬚   ⑥ 78 + 6 − 9 = ⬚75⬚

⑦ 54 − 7 + 2 = ⬚49⬚   ⑧ 43 − 8 − 2 = ⬚33⬚

⑨ 82 + 8 − 4 = ⬚86⬚   ⑩ 34 − 2 + 6 = ⬚38⬚

⑪ 73 − 6 − 5 = ⬚62⬚   ⑫ 56 + 7 + 1 = ⬚64⬚

⑬ 45 + 6 − 3 = ⬚48⬚   ⑭ 91 − 3 + 8 = ⬚96⬚